"法律法规简明实用版系列"丛书

中华人民共和国
劳动争议调解仲裁法

简明实用版

法律出版社法规中心 编

法律出版社
LAW PRESS·CHINA
北京

图书在版编目（CIP）数据

中华人民共和国劳动争议调解仲裁法：简明实用版／法律出版社法规中心编． --北京：法律出版社，2025.（法律法规简明实用版系列）． -- ISBN 978－7－5244－0300－5

Ⅰ．D922.591

中国国家版本馆 CIP 数据核字第 2025TP0309 号

| 中华人民共和国劳动争议调解仲裁法（简明实用版）
ZHONGHUA RENMIN GONGHEGUO LAODONG ZHENGYI TIAOJIE ZHONGCAI FA(JIANMING SHIYONGBAN) | 法律出版社法规中心 编 | 责任编辑 董 昱
装帧设计 苏 慰 |

出版发行 法律出版社	开本 A5
编辑统筹 法规出版分社	印张 4.375　字数 146 千
责任校对 张红蕊	版本 2025 年 7 月第 1 版
责任印制 耿润瑜	印次 2025 年 7 月第 1 次印刷
经　　销 新华书店	印刷 天津嘉恒印务有限公司

地址：北京市丰台区莲花池西里 7 号（100073）
网址：www.lawpress.com.cn　　　　　销售电话:010－83938349
投稿邮箱：info@lawpress.com.cn　　 客服电话:010－83938350
举报盗版邮箱：jbwq@lawpress.com.cn　咨询电话:010－63939796
版权所有·侵权必究

书号：ISBN 978－7－5244－0300－5　　　定价:15.00 元
凡购买本社图书，如有印装错误，我社负责退换。电话:010－83938349

编辑出版说明

　　法治社会是构筑法治国家的基础,法治社会建设是实现国家治理体系和治理能力现代化的重要组成部分。法治社会建设以人民群众的切身利益为中心,需通过法律保障公民的权利义务,强调多元主体协同参与,形成共建共治共享的社会治理格局,推动政府、社会组织、市场主体、广大人民群众共同参与法治社会建设,使法律成为解决社会问题的基本工具。

　　为帮助广大读者便捷、高效、准确地理解和运用法律法规,我们精心策划并组织专业力量编写了"法律法规简明实用版系列"丛书。现将本丛书的编辑理念、主要特色介绍如下:

　　一、编辑宗旨与目标

　　1. 立足实用:本丛书的核心宗旨是服务于法律实践和应用。我们摒弃繁琐的理论阐述和冗长的历史沿革,聚焦法律条文本身的核心内容及其在现实生活中的直接应用。

　　2. 力求简明:针对法律文本专业性强、条文众多的特点,本丛书致力于通过精炼的提炼、清晰的编排和通俗的解读,化繁为简,使读者能够迅速把握法规的核心要义和关键条款。

　　3. 文本准确:收录的法律、行政法规、部门规章及重要的司法解释均现行有效,与国家正式颁布的版本一致,确保法律文本的权威性和准确性。

　　4. 突出便捷:在编排体例和内容呈现上,充分考虑读者查阅的便利性,力求让读者"找得快、看得懂、用得上"。

二、主要特色

1. 精选核心法规: 每册围绕一个特定法律领域,精选收录最常用、最核心的法律法规文本。

2. 条文精要解读: 在保持法律条文完整性的基础上,以【理解适用】的形式对重点法条进行简明扼要的解读,以【实用问答】的形式对疑难问题进行解答,旨在提示适用要点、阐明核心概念、提示常见实务问题,不做过度的学理探讨。

3. 实用参见索引: 设置【条文参见】模块,帮助读者高效地查找相关内容和理解法条之间的关联。

4. 典型案例指引: 特设【案例指引】模块,精选与条文密切相关的经典案例,在书中呈现要旨。

5. 附录实用信息: 根据需要,附录包含配套核心法规或实用流程图等实用信息,提升书籍的实用价值。

6. 版本及时更新: 密切关注立法动态,及时推出修订版或增补版,确保读者掌握最新有效的法律信息。

我们深知法律的生命在于实施。编辑出版"法律法规简明实用版系列",正是期望能在浩繁的法律条文与具体的实践需求之间架设一座便捷、实用的桥梁。我们力求精益求精,但也深知法律解读与应用之复杂。我们诚挚欢迎广大读者在使用过程中提出宝贵的意见和建议,以便我们不断改进,更好地服务于法治实践。

法律出版社法规中心

2025 年 7 月

《中华人民共和国劳动争议调解仲裁法》适用提要

《中华人民共和国劳动争议调解仲裁法》于2007年12月29日通过,自2008年5月1日起施行。本法是程序法,规定了劳动争议从调解到仲裁的具体流程,包括申请、受理、审理、裁决等步骤,确保争议解决的规范性,以此确立了我国劳动争议处理的基本制度框架,核心目的是通过调解和仲裁程序高效、公正地解决劳动争议,保护劳动者和用人单位的合法权益。本法主要包括以下内容。

一、劳动争议处理的基本原则

1. 自愿与强制相结合原则

调解以自愿为基础,当事人可自主选择是否调解。仲裁则具有强制性,劳动争议必须先经过仲裁程序(除法律另有规定外),才能向法院起诉(即"仲裁前置"原则)。

2. 免费原则

劳动争议仲裁不收取费用,减轻当事人经济负担。《中华人民共和国劳动争议调解仲裁法》第五十三条规定:"劳动争议仲裁不收费。劳动争议仲裁委员会的经费由财政予以保障。"

3. 注重调解原则

强调调解在争议解决中的优先性,调解贯穿劳动仲裁和诉讼全过程。《中华人民共和国劳动争议调解仲裁法》第四条规定:"发生劳动争议,劳动者可以与用人单位协商,也可以请工会或者第三方共同与用人单位协商,达成和解协议。"第四十二条规定:"仲裁庭在作出裁决前,应当先行调解。"

二、劳动争议的适用范围

本法明确了适用劳动争议的类型,包括:因确认劳动关系发生的争议,因订立、履行、变更、解除或终止劳动合同发生的争议,因除名、辞退、辞职、离职发生的争议,因工作时间、休息休假、社会保险、福利、培训及劳动保护发生的争议,因劳动报酬、工伤医疗费、经济补偿或赔偿金等发生的争议,其他法律、法规规定的劳动争议。

三、调解制度

1. 调解组织

发生劳动争议,当事人可以到下列调解组织申请调解:企业劳动争议调解委员会(由职工代表和企业代表组成,职工代表由工会成员担任或者由全体职工推举产生,企业代表由企业负责人指定,企业劳动争议调解委员会主任由工会成员或者双方推举的人员担任);基层人民调解组织;乡镇、街道设立的具有劳动争议调解职能的组织。

2. 调解程序

调解需在当事人自愿基础上进行,达成协议后制作调解协议书(不具有强制执行力,但可视为合同约束双方);调解期限为十五日,逾期未达成协议视为调解不成,当事人可以依法申请仲裁。

四、仲裁制度

1. 仲裁机构

劳动争议仲裁委员会按照统筹规划、合理布局和适应实际需要的原则设立。省、自治区人民政府可以决定在市、县设立;直辖市人民政府可以决定在区、县设立。直辖市、设区的市也可以设立一个或者若干个劳动争议仲裁委员会。劳动争议仲裁委员会不按行政区划层层设立。劳动争议仲裁委员会由劳动行政部门代表、工会代表和企业方面代表组成。劳动争议仲裁委员会组成人员应当是单数。

2. 仲裁程序

(1)时效。一般情况下,劳动争议申请仲裁的时效期间为一年。仲裁时效期间从当事人知道或者应当知道其权利被侵害之日起计算。劳动关系存续期间因拖欠劳动报酬发生争议的,劳动者申请仲裁不受上述一年仲裁时效期间的限制;但是,劳动关系终止的,应当自劳动关系终止之日起一年内提出。

(2)管辖。劳动争议由劳动合同履行地或用人单位所在地的仲裁委员会管辖。双方当事人分别向劳动合同履行地和用人单位所在地的劳动争议仲裁委员会申请仲裁的,由劳动合同履行地的劳动争议仲裁委员会管辖。

(3)审理时限。仲裁庭裁决劳动争议案件,应当自劳动争议仲裁委员会受理仲裁申请之日起四十五日内结束。案情复杂需要延期的,经劳动争议仲裁委员会主任批准,可以延期并书面通知当事人,但是延长期限不得超过十五日。逾期未作出仲裁裁决的,当事人可以就该劳动争议事项向人民法院提起诉讼。

(4)终局裁决。对追索劳动报酬、工伤医疗费、经济补偿或者赔偿金,不超过当地月最低工资标准十二个月金额的争议,因执行国家的劳动标准在工作时间、休息休假、社会保险等方面发生的争议等争议,仲裁裁决为终局裁决,裁决书自作出之日起发生法律效力。

用人单位有证据证明终局仲裁裁决适用法律、法规确有错误等情形的,可以自收到仲裁裁决书之日起三十日内向劳动争议仲裁委员会所在地的中级人民法院申请撤销裁决。终局仲裁裁决被人民法院裁定撤销的,当事人可以自收到裁定书之日起十五日内就该劳动争议事项向人民法院提起诉讼。

3.裁决效力

(1)非终局裁决:当事人不服可在十五日内向人民法院起诉。

(2)终局裁决:劳动者可起诉,用人单位能向劳动争议仲裁委员会所在地的中级人民法院申请撤销裁决。

五、与诉讼的衔接

1.仲裁前置

劳动争议需先申请仲裁,对仲裁裁决不服的(除终局裁决外),方可向人民法院提起诉讼。

2.强制执行

当事人对发生法律效力的调解书、裁决书,应当依照规定的期限履行。一方当事人逾期不履行的,另一方当事人可以依照民事诉讼法的有关规定向人民法院申请执行。受理申请的人民法院应当依法执行。

六、制度创新与意义

1.延长仲裁时效、明确缩短处理周期

为了尽快解决劳动争议,《中华人民共和国劳动合同法》规定,提出仲裁要求的一方应当自劳动争议发生之日起六十日内向劳动争议仲裁委员会提出书面申请。为了最大限度保护劳动者权益,《中华人民共和国劳动争议调解仲裁法》规定,劳动争议申请仲裁的时效期间为一年。仲裁时效期间从当事人知道或者应当知道其权利被侵害之日起计算。此外,明确了仲裁审理时限,避免争议久拖不决。《中华人民共和国劳动合同法》规定,仲裁裁决一般应在收到仲裁申请的六十日内作出。《中华人民共和国劳动争议调解仲裁法》作出了"应当四十五日、最长六十日"的规定:"仲裁庭裁决劳动争议案件,应当自劳动争议仲裁委员会受理仲裁申请之日起四十五日内结束。案情复杂需要延期的,经劳动争议仲裁委员会主任批准,可以延期并书面通知当事人，但是延长期限不得超过十五日。"

2. 降低维权成本、举证责任向劳动者倾斜

《中华人民共和国劳动争议调解仲裁法》规定仲裁免费，举证责任向劳动者倾斜。《中华人民共和国劳动争议调解仲裁法》第三十九条规定："劳动者无法提供由用人单位掌握管理的与仲裁请求有关的证据，仲裁庭可以要求用人单位在指定期限内提供。用人单位在指定期限内不提供的，应当承担不利后果。"

《中华人民共和国劳动争议调解仲裁法》构建了"调解—仲裁—诉讼"的递进式争议解决机制，强调效率与公平并重。劳动者和用人单位应该在充分理解自身权利与程序规则的前提下，合理选择争议解决途径。

目 录

中华人民共和国劳动争议调解仲裁法

第一章　总则 001
　第一条　立法目的 001
　第二条　适用范围 002
　　[除名] 002
　　[辞退] 002
　　[辞职] 002
　　[离职] 003
　　[经济补偿] 003
　　[无固定期限劳动合同的离职补偿问题] 003
　第三条　解决劳动争议应当遵循的原则 005
　　[着重调解原则] 005
　第四条　劳动争议当事人的协商和解 005
　　[劳动争议的协商] 005
　第五条　劳动争议处理制度 006
　第六条　当事人在劳动争议发生后的举证责任 006
　第七条　推举代表参加调解、仲裁或者诉讼活动 008
　　[十人以上劳动争议仲裁案优先立案,优先审理] 008
　　[集体劳动争议的仲裁代表制度] 008
　　[集体合同争议的仲裁主体] 008
　　[集体劳动人事争议仲裁的程序时效性] 008
　第八条　协调劳动关系三方机制 008
　　[协调劳动关系三方机制] 008
　第九条　拖欠劳动报酬等争议的行政救济 009
　　[劳动保障行政部门对用人单位克扣或者无故拖欠劳动者

　　　　　　　工资报酬的行为，实施限期支付及加付赔偿金制度］　　009
　第二章　调解　　　　　　　　　　　　　　　　　　　　　　　010
　　　第十条　劳动争议调解组织　　　　　　　　　　　　　　　010
　　　第十一条　担任劳动争议调解组织的调解员的条件　　　　011
　　　第十二条　劳动争议调解申请的形式　　　　　　　　　　011
　　　第十三条　劳动争议调解的基本原则　　　　　　　　　　012
　　　第十四条　调解协议书及其效力　　　　　　　　　　　　012
　　　第十五条　不履行调解协议可以申请仲裁　　　　　　　　013
　　　　［调解与仲裁的衔接］　　　　　　　　　　　　　　　013
　　　第十六条　劳动者可以向人民法院申请支付令　　　　　　013
　　　　［劳动者申请支付令的程序］　　　　　　　　　　　　013
　第三章　仲裁　　　　　　　　　　　　　　　　　　　　　　015
　　第一节　一般规定　　　　　　　　　　　　　　　　　　　015
　　　第十七条　劳动争议仲裁委员会的设立　　　　　　　　　015
　　　第十八条　对于劳动争议，国务院劳动行政部门和省、自治区、
　　　　　　　　直辖市人民政府劳动行政部门的职责　　　　　016
　　　第十九条　劳动争议仲裁委员会的组成及职责　　　　　　016
　　　第二十条　劳动争议仲裁员名册和仲裁员任职条件　　　　017
　　　第二十一条　劳动争议仲裁案件的管辖　　　　　　　　　017
　　　　［劳动合同履行地］　　　　　　　　　　　　　　　　017
　　　　［仲裁案件管辖移送规则］　　　　　　　　　　　　　017
　　　　［仲裁管辖异议处理规则］　　　　　　　　　　　　　018
　　　第二十二条　劳动争议仲裁案件的当事人　　　　　　　　019
　　　　［用人单位无法担责时，仲裁案件增加共同当事人］　　019
　　　　［劳动者与个人承包经营者之间的仲裁案，增加共同当事人］　019
　　　第二十三条　劳动争议仲裁案件的第三人　　　　　　　　019
　　　第二十四条　委托代理人参加仲裁活动　　　　　　　　　020
　　　第二十五条　法定代理和指定代理　　　　　　　　　　　020
　　　第二十六条　劳动争议仲裁公开进行及其例外情形　　　　021
　　第二节　申请和受理　　　　　　　　　　　　　　　　　　021
　　　第二十七条　申请仲裁的时效期间　　　　　　　　　　　021
　　　第二十八条　申请仲裁的情形以及仲裁申请书的内容　　　023
　　　　［仲裁申请撤回与再申请规则］　　　　　　　　　　　023

第二十九条　仲裁申请的受理和不予受理　　023
　　[仲裁重复申请不予受理的情形]　　024
第三十条　送达仲裁申请书与提交仲裁答辩书　　024
　　[反申请及其处理规则]　　025
第三节　开庭和裁决　　026
第三十一条　仲裁庭组成　　026
　　[劳动争议案件的裁决简易处理及独任仲裁]　　026
　　[简易处理转为一般程序及其期限计算规则]　　026
第三十二条　劳动争议仲裁委员会书面通知仲裁庭组成情况　　026
第三十三条　仲裁员回避制度　　027
第三十四条　仲裁员的法律责任　　027
第三十五条　开庭通知与延期开庭　　028
　　[延期开庭的正当理由]　　028
第三十六条　当事人无正当理由拒不到庭或者未经仲裁庭同意中途退庭　　029
第三十七条　劳动争议仲裁中的鉴定问题　　030
　　[仲裁委员会调查取证的程序规范要求]　　030
　　[鉴定费用的负担规则]　　030
第三十八条　劳动争议仲裁中的质证和辩论问题　　031
　　[质证的顺序]　　031
　　[辩论的顺序]　　031
第三十九条　证据及举证责任　　032
　　[增加或者变更仲裁请求的处理规则]　　032
　　[单一证据的审核认定]　　032
　　[不能单独作为认定案件事实根据的证据]　　032
　　[无须举证证明的事实]　　032
第四十条　劳动争议仲裁开庭笔录　　033
第四十一条　劳动争议仲裁中当事人自行和解　　033
第四十二条　先行调解　　034
第四十三条　仲裁审理期限及先行裁决　　035
　　[仲裁期限重新计算或不计入的情形]　　035
第四十四条　可以裁决先予执行的案件　　036
第四十五条　作出仲裁裁决　　036

第四十六条　裁决书的内容和形式　037
第四十七条　一裁终局的案件　038
　　[单项裁决金额不超过当地月最低工资标准十二个月金额
　　的劳动争议事项的范围]　039
第四十八条　劳动者不服一裁终局案件的裁决提起诉讼的期限　040
　　[用人单位和劳动者对仲裁裁决不服的救济途径]　040
第四十九条　用人单位不服一裁终局案件的裁决可以诉请撤
　　　　　　销的条件　040
　　[中级人民法院作出的用人单位申请撤销一裁终局案件的
　　裁定不得上诉]　041
第五十条　其他不服仲裁裁决提起诉讼的期限　041
　　[被追加的劳动争议仲裁诉讼当事人]　041
　　[劳动人事争议仲裁委员会认为已经生效的仲裁处理结果
　　有错误,如何处理]　042
第五十一条　当事人对发生法律效力的调解书、裁决书的履行
　　　　　　和申请执行　043

第四章　附则　043
第五十二条　事业单位劳动争议处理的法律适用　043
第五十三条　劳动争议仲裁不收费　044
第五十四条　施行时间　044

附录一　配套核心法规　045
中华人民共和国劳动法(2018.12.29修正)　045
中华人民共和国劳动合同法(2012.12.28修正)　062
劳动人事争议仲裁办案规则(2017.5.8)　079
劳动人事争议仲裁组织规则(2017.5.8)　092
企业劳动争议协商调解规定(2011.11.30)　096
最高人民法院关于人民调解协议司法确认程序的若干规定(2011.
　3.23)　101
最高人民法院关于审理劳动争议案件适用法律问题的解释(一)
　(2020.12.29)　103
工会参与劳动争议处理办法(2023.12.28)　112

附录二 典型案例　　　　　　　　　　　　　　118
处理加班费争议,如何分配举证责任　　　　118
加班费的仲裁时效应当如何认定　　　　　119
主体不适格,竞业限制条款是否有效　　　　121

附录三 实用流程图　　　　　　　　　　　　123
劳动人事争议调解仲裁流程图　　　　　　123

附录四 电子增补法规①
中华人民共和国人民调解法（2010.8.28）
中华人民共和国民事诉讼法（2023.9.1修正）
中华人民共和国劳动合同法实施条例（2008.9.18）
工伤保险条例（2010.12.20修订）
国务院关于职工工作时间的规定（1995.3.25修订）
劳动部办公厅关于已撤诉的劳动争议案件劳动争议仲裁委员会是否可以再受理的复函（1997.7.8）
劳动部办公厅关于处理劳动争议案件有关政策问题的复函（1997.10.5）
劳动和社会保障部办公厅关于劳动争议案中涉及商业秘密侵权问题的函（1999.7.7）
人力资源和社会保障部、中华全国工商业联合会关于加强非公有制企业劳动争议预防调解工作的意见（2013.1.10）
人力资源社会保障部、中央综治办、最高人民法院、司法部、财政部、中华全国总工会、中华全国工商业联合会、中国企业联合会/中国企业家协会关于进一步加强劳动人事争议调解仲裁完善多元处理机制的意见（2017.3.21）
人力资源社会保障部、最高人民法院关于加强劳动人事争议仲裁与诉讼衔接机制建设的意见（2017.11.8）
人力资源社会保障部、最高人民法院、中华全国总工会、中华全国工商业联合会、中国企业联合会/中国企业家协会关于实施"护薪"行动全力做好拖欠农民工工资争议处理工作的通知（2019.7.26）
人力资源社会保障部、最高人民法院关于劳动人事争议仲裁与诉讼衔接有关

---

① 因篇幅所限,此部分文件请扫描封底二维码,在线阅读。

问题的意见（一）(2022.2.21)

人力资源社会保障部、中央政法委、最高人民法院、工业和信息化部、司法部、财政部、中华全国总工会、中华全国工商业联合会、中国企业联合会/中国企业家协会关于进一步加强劳动人事争议协商调解工作的意见(2022.10.13)

最高人民法院研究室关于王某与某公司劳动争议纠纷申请再审一案适用法律问题的答复(2011.3.9)

最高人民法院关于审理拒不支付劳动报酬刑事案件适用法律若干问题的解释(2013.1.16)

最高人民法院、中华全国总工会关于在部分地区开展劳动争议多元化解试点工作的意见(2020.2.20)

最高人民法院办公厅、中华全国总工会办公厅关于加快推进劳动争议纠纷在线诉调对接工作的通知(2021.6.1)

中华人民共和国
劳动争议调解仲裁法

（2007年12月29日第十届全国人民代表大会常务委员会第三十一次会议通过 2007年12月29日中华人民共和国主席令第80号公布 自2008年5月1日起施行）

目 录

第一章 总 则
第二章 调 解
第三章 仲 裁
　第一节 一般规定
　第二节 申请和受理
　第三节 开庭和裁决
第四章 附 则

第一章 总 则

第一条 【立法目的】[*]

为了公正及时解决劳动争议，保护当事人合法权益，促进劳动关系和谐稳定，制定本法。

理解适用

[劳动争议]

劳动争议，也称"劳动纠纷""劳资争议"，是指用人单位和劳动者在执行

---

[*] 条文主旨为编者所加，仅供参考。下同。

劳动方面的法律、法规和劳动合同、集体合同的过程中,就劳动的权利义务发生分歧而引起的争议。

实用问答

用人单位和劳动者之间的争议都属于劳动争议吗?

答:劳动争议不同于民事争议,用人单位和劳动者双方存在管理和被管理关系,双方并不是处于平等主体的地位。有的争议虽然发生在用人单位和劳动者之间,但争议的内容不涉及劳动合同和其他执行劳动方面的法律、法规问题,如劳动者一方与用人单位发生的买卖合同方面的纠纷,属于民事争议,不是劳动争议。

第二条 【适用范围】

中华人民共和国境内的用人单位与劳动者发生的下列劳动争议,适用本法:

(一)因确认劳动关系发生的争议;
(二)因订立、履行、变更、解除和终止劳动合同发生的争议;
(三)因除名、辞退和辞职、离职发生的争议;
(四)因工作时间、休息休假、社会保险、福利、培训以及劳动保护发生的争议;
(五)因劳动报酬、工伤医疗费、经济补偿或者赔偿金等发生的争议;
(六)法律、法规规定的其他劳动争议。

理解适用

[除名]

除名通常针对那些无正当理由经常旷工,且经过批评教育仍然无效的职工。在达到一定的旷工天数后,企业有权对职工进行除名。

[辞退]

辞退是指用人单位依照法律规定的条件和程序,解除与其工作人员的工作关系。

[辞职]

辞职是指劳动者根据本人的意愿,辞去所担任的职务,申请解除与所在单位的工作关系的行为。

[离职]

离职是指劳动者离开工作岗位,自动解除与所在单位的劳动关系的行为。

[经济补偿]

经济补偿是国家要求用人单位承担的一种社会责任,即用人单位解除或者终止劳动合同时,应当支付给劳动者一定的经济补助,以帮助劳动者在失业阶段维持基本生活,不至于生活水平急剧下降。根据《中华人民共和国劳动合同法》第四十六条的规定,有下列情形之一的,用人单位应当向劳动者支付经济补偿:"(一)劳动者依照本法第三十八条规定解除劳动合同的;(二)用人单位依照本法第三十六条规定向劳动者提出解除劳动合同并与劳动者协商一致解除劳动合同的;(三)用人单位依照本法第四十条规定解除劳动合同的;(四)用人单位依照本法第四十一条第一款规定解除劳动合同的;(五)除用人单位维持或者提高劳动合同约定条件续订劳动合同,劳动者不同意续订的情形外,依照本法第四十四条第一项规定终止固定期限劳动合同的;(六)依照本法第四十四条第四项、第五项规定终止劳动合同的;(七)法律、行政法规规定的其他情形。"

[无固定期限劳动合同的离职补偿问题]

根据《最高人民法院对"我国劳动合同法无固定期限劳动合同的离职补偿问题"的答复》的规定,正是由于离职补偿这种社会责任是国家强加给用人单位的义务,因而,何种情况下用人单位应当担责,需要由法律的明确规定。只要符合《中华人民共和国劳动合同法》第四十六条的七种情形之一的,用人单位就得无条件向劳动者支付相应的经济补偿金。经济补偿的法定性决定了法律没有明确规定用人单位应当支付的情形下,用人单位有权拒绝支付经济补偿。因此,对于签订无固定期限的劳动合同,只要劳动者自愿提出解除劳动合同的,用人单位不负有支付经济补偿的义务。

实用问答

1. 如何计算经济补偿?

答:根据《中华人民共和国劳动合同法》第四十七条的规定,经济补偿按劳动者在本单位工作的年限,每满一年支付一个月工资的标准向劳动者支付。六个月以上不满一年的,按一年计算;不满六个月的,向劳动者支付半个月工资的经济补偿。劳动者月工资高于用人单位所在直辖市、设区的市级人民政府公布的本地区上年度职工月平均工资三倍的,向其支付经济补偿的标准按职工月平均工资三倍的数额支付,向其支付经济补偿的年限最高不超过十二年。上述所称月工资是指劳动者在劳动合同解除或者终止前十二个月的平均工资。

2. 用人单位解除或者终止劳动合同,未按规定向劳动者支付经济补偿的,如何处理?

答:根据《中华人民共和国劳动合同法》第八十五条的规定,由劳动行政部门责令限期支付经济补偿;逾期不支付的,责令用人单位按应付金额百分之五十以上百分之一百以下的标准向劳动者加付赔偿金。

3. 哪些纠纷不属于劳动争议?

答:《最高人民法院关于审理劳动争议案件适用法律问题的解释(一)》第二条规定:"下列纠纷不属于劳动争议:(一)劳动者请求社会保险经办机构发放社会保险金的纠纷;(二)劳动者与用人单位因住房制度改革产生的公有住房转让纠纷;(三)劳动者对劳动能力鉴定委员会的伤残等级鉴定结论或者对职业病诊断鉴定委员会的职业病诊断鉴定结论的异议纠纷;(四)家庭或者个人与家政服务人员之间的纠纷;(五)个体工匠与帮工、学徒之间的纠纷;(六)农村承包经营户与受雇人之间的纠纷。"

4. 劳动争议仲裁机构以无管辖权为由对劳动争议案件不予受理,当事人提起诉讼的,人民法院如何处理?

答:《最高人民法院关于审理劳动争议案件适用法律问题的解释(一)》第六条规定:"劳动争议仲裁机构以当事人申请仲裁的事项不属于劳动争议为由,作出不予受理的书面裁决、决定或者通知,当事人不服依法提起诉讼的,人民法院应当分别情况予以处理:(一)属于劳动争议案件的,应当受理;(二)虽不属于劳动争议案件,但属于人民法院主管的其他案件,应当依法受理。"

案例指引

用人者向不特定劳动者提供的抽奖奖励认定为福利待遇(某商贸北京公司与张某福利待遇纠纷上诉案[①])

要旨:教育基金奖励是某商贸北京公司新年年会上各种奖励中的一种,

[①] 参见《职工年会中奖,公司是否有兑现的义务?》,载中国就业网 2017 年 2 月 10 日,http://www.cettic.cn/c/2017-02-10/46260.shtml。

而且专门针对符合特定条件的员工,教育基金又是由公司创始人设立并由公司财务总监管理的,并非通常意义上平等民事主体之间的民事行为。虽然从形式上看,该获奖行为具有射幸性、赠与性的特征,但从获奖人员的范围以及设定奖项的目的来看,应该将此奖项视为员工福利更为妥当。由于涉案的基金会并未按照有关法律法规要求进行登记,因此,亦不属于基金捐赠人和受益人之间的关系。考虑到该奖项设置的目的系激励员工的工作、所谓的基金亦由某商贸北京公司财务总监管理、除该特等奖之外的其余奖项均已由某商贸北京公司兑现等情况,法院认定张某可向某商贸北京公司主张相应的权利。每年年底,很多企业都会组织员工年会,并在年会上设置抽奖环节,奖项设置多样化,包括年休假、旅游、实物、现金等。从性质上,应将年会奖项认定为企业为员工提供的一种福利待遇,员工中奖后企业应当予以兑现。

第三条 【解决劳动争议应当遵循的原则】

解决劳动争议,应当根据事实,遵循合法、公正、及时、着重调解的原则,依法保护当事人的合法权益。

理解适用

[着重调解原则]

着重调解原则包含两方面的内容:一是调解作为解决劳动争议的基本手段贯穿劳动争议的全过程。即使进入仲裁程序后,仲裁庭在作出裁决前,应当先行调解,调解不成的,作出裁决。二是调解必须遵循自愿原则,在双方当事人自愿的基础上进行,不能勉强和强制,否则即使达成协议或者作出调解书也不能发生法律效力。

第四条 【劳动争议当事人的协商和解】

发生劳动争议,劳动者可以与用人单位协商,也可以请工会或者第三方共同与用人单位协商,达成和解协议。

理解适用

[劳动争议的协商]

劳动争议的协商是指发生争议的劳动者与用人单位通过自行协商,或者劳动者请工会或者其他第三方共同与用人单位进行协商,从而使当事人的矛盾得以化解,自愿就争议事项达成协议,使劳动争议及时得到解决的一种活动。这里"第三方"可以是本单位的人员,也可以是本单位以外的、双方都信任的人员。协商和解成功后,当事人双方应当签订和解协议。如果当事人不愿协商、协商不成或者达成和解协议后不履行,另一方当事人仍然可以向劳动争议调解组织申请调解,或者向劳动争议仲裁机构申请仲裁。

第五条 【劳动争议处理制度】

发生劳动争议,当事人不愿协商、协商不成或者达成和解协议后不履行的,可以向调解组织申请调解;不愿调解、调解不成或者达成调解协议后不履行的,可以向劳动争议仲裁委员会申请仲裁;对仲裁裁决不服的,除本法另有规定的外,可以向人民法院提起诉讼。

实用问答

劳动者与用人单位均不服劳动争议仲裁机构的同一裁决,向同一人民法院起诉的,如何处理?

答:《最高人民法院关于审理劳动争议案件适用法律问题的解释(一)》第四条规定:"劳动者与用人单位均不服劳动争议仲裁机构的同一裁决,向同一人民法院起诉的,人民法院应当并案审理,双方当事人互为原告和被告,对双方的诉讼请求,人民法院应当一并作出裁决。在诉讼过程中,一方当事人撤诉的,人民法院应当根据另一方当事人的诉讼请求继续审理。双方当事人就同一仲裁裁决分别向有管辖权的人民法院起诉的,后受理的人民法院应当将案件移送给先受理的人民法院。"

第六条 【当事人在劳动争议发生后的举证责任】

发生劳动争议,当事人对自己提出的主张,有责任提供证据。与争议事项有关的证据属于用人单位掌握管理的,用人单位应当提供;用人单位不提供的,应当承担不利后果。

实用问答

劳动人事争议仲裁案件中,法律未明确举证责任的,仲裁庭如何确定举证责任由谁承担?

答:根据《劳动人事争议仲裁办案规则》的规定,法律没有具体规定、按照《劳动人事争议仲裁办案规则》第十三条规定无法确定举证责任承担的，仲裁庭可以根据公平原则和诚实信用原则，综合当事人举证能力等因素确定举证责任的承担。

> 案例指引

1. 用人单位对农民工工资支付情况负有举证责任（最高人民法院、人力资源社会保障部、中华全国总工会联合发布十三起涉欠薪纠纷典型案例之七：唐某诉某建筑劳务公司追索劳动报酬纠纷案）

要旨：《中华人民共和国劳动争议调解仲裁法》第六条规定"发生劳动争议，当事人对自己提出的主张，有责任提供证据。与争议事项有关的证据属于用人单位掌握管理的，用人单位应当提供；用人单位不提供的，应当承担不利后果"，《保障农民工工资支付条例》第五十条规定"农民工与用人单位就拖欠工资存在争议，用人单位应当提供依法由其保存的劳动合同、职工名册、工资支付台账和清单等材料；不提供的，依法承担不利后果"。某建筑劳务公司虽然主张唐某受伤当月仅工作十余天并已结清其工资，但未提供工资支付台账和清单等相应证据，应当承担举证不能的不利后果。

2. 加班费争议中，要充分考虑劳动者举证能力不足的实际情况，根据"谁主张谁举证"原则、证明妨碍规则，结合具体案情合理分配用人单位与劳动者的举证责任（人力资源社会保障部、最高人民法院联合发布10起第二批劳动人事争议典型案例之六：林某与某教育咨询公司追索劳动报酬纠纷案）

要旨：《中华人民共和国劳动争议调解仲裁法》第六条规定："发生劳动争议，当事人对自己提出的主张，有责任提供证据。与争议事项有关的证据属于用人单位掌握管理的，用人单位应当提供；用人单位不提供的，应当承担不利后果。"《最高人民法院关于审理劳动争议案件适用法律问题的解释（一）》第四十二条规定："劳动者主张加班费的，应当就加班事实的存在承担举证责任。但劳动者有证据证明用人单位掌握加班事实存在的证据，用人单位不提供的，由用人单位承担不利后果。"从上述条款可知，主张加班费的劳动者有责任按照"谁主张谁举证"的原则，就加班事实的存在提供证据，或者就相关证据属于用人单位掌握管理提供证据。用人单位应当提供而不提供有关证据的，可以推定劳动者加班事实存在。

第七条 【推举代表参加调解、仲裁或者诉讼活动】

发生劳动争议的劳动者一方在十人以上,并有共同请求的,可以推举代表参加调解、仲裁或者诉讼活动。

理解适用

[十人以上劳动争议仲裁案优先立案,优先审理]

根据《劳动人事争议仲裁办案规则》的规定,劳动者一方在十人以上并有共同请求的争议,或者因履行集体合同发生的劳动争议,仲裁委员会应当优先立案,优先审理。

[集体劳动争议的仲裁代表制度]

根据《劳动人事争议仲裁办案规则》的规定,发生劳动者一方在十人以上并有共同请求的争议的,劳动者可以推举三至五名代表参加仲裁活动。代表人参加仲裁的行为对其所代表的当事人发生效力,但代表人变更、放弃仲裁请求或者承认对方当事人的仲裁请求,进行和解,必须经被代表的当事人同意。

[集体合同争议的仲裁主体]

根据《劳动人事争议仲裁办案规则》的规定,因履行集体合同发生的劳动争议,经协商解决不成的,工会可以依法申请仲裁;尚未建立工会的,由上级工会指导劳动者推举产生的代表依法申请仲裁。

[集体劳动人事争议仲裁的程序时效性]

根据《劳动人事争议仲裁办案规则》的规定,仲裁委员会应当自收到当事人集体劳动人事争议仲裁申请之日起五日内作出受理或者不予受理的决定。决定受理的,应当自受理之日起五日内将仲裁庭组成人员、答辩期限、举证期限、开庭日期和地点等事项一次性通知当事人。

第八条 【协调劳动关系三方机制】

县级以上人民政府劳动行政部门会同工会和企业方面代表建立协调劳动关系三方机制,共同研究解决劳动争议的重大问题。

理解适用

[协调劳动关系三方机制]

协调劳动关系三方机制,也称劳动关系三方原则,是指由各级人民政府劳动行政部门、代表职工的同级工会组织（主要是中华全国总工会和各级地方总工会）和企业方面代表（主要是中华全国工商业联合会、中国企业联合会/中国企业家协会），通过一定的组织机构和运作机制共同处理涉及劳动关系的问题，如劳动立法、经济与社会政策的制定、就业与劳动条件、工资水平、劳动标准、职业培训、社会保障、职业安全与卫生、劳动争议处理以及对产业行为的规范管理。

第九条 【拖欠劳动报酬等争议的行政救济】

用人单位违反国家规定，拖欠或者未足额支付劳动报酬，或者拖欠工伤医疗费、经济补偿或者赔偿金的，劳动者可以向劳动行政部门投诉，劳动行政部门应当依法处理。

理解适用

[劳动保障行政部门对用人单位克扣或者无故拖欠劳动者工资报酬的行为，实施限期支付及加付赔偿金制度]

根据《劳动保障监察条例》的规定，克扣或者无故拖欠劳动者工资报酬的，由劳动保障行政部门分别责令限期支付劳动者的工资报酬、劳动者工资低于当地最低工资标准的差额或者解除劳动合同的经济补偿；逾期不支付的，责令用人单位按照应付金额百分之五十以上一倍以下的标准计算，向劳动者加付赔偿金。

实用问答

劳动报酬未足额发放，劳动者该如何维权？

答：劳动报酬未足额发放，劳动者可以通过以下途径维权：

（1）向劳动行政监察部门投诉。《中华人民共和国劳动争议调解仲裁法》第九条规定："用人单位违反国家规定，拖欠或者未足额支付劳动报酬，或者拖欠工伤医疗费、经济补偿或者赔偿金的，劳动者可以向劳动行政部门投诉，劳动行政部门应当依法处理。"

（2）申请劳动仲裁。在我国，劳动仲裁是劳动争议当事人向人民法院提起诉讼的必经程序。按照《中华人民共和国劳动争议调解仲裁法》第二十七条的规定，提起劳动仲裁的一方应在劳动争议发生之日起一年内向劳动争议仲裁委员会提出书面申请，仲裁时效期间从当事人知道或者应当知道其权利被侵害之日起计算。除非当事人是因不可抗力或有其他正当理由,否则超过法律规定的申请仲裁时效的,仲裁委员会不予受理。

(3)向人民法院申请支付令。《中华人民共和国劳动合同法》第三十条规定,用人单位拖欠或者未足额支付劳动报酬的,劳动者可以依法向当地人民法院申请支付令,人民法院应当依法发出支付令。

(4)向人民法院起诉。《中华人民共和国劳动争议调解仲裁法》第四十八条规定:"劳动者对本法第四十七条规定的仲裁裁决不服,可以自收到仲裁裁决书之日起十五日内向人民法院提起诉讼。"

第二章 调 解

第十条 【劳动争议调解组织】

发生劳动争议,当事人可以到下列调解组织申请调解:
(一)企业劳动争议调解委员会;
(二)依法设立的基层人民调解组织;
(三)在乡镇、街道设立的具有劳动争议调解职能的组织。

企业劳动争议调解委员会由职工代表和企业代表组成。职工代表由工会成员担任或者由全体职工推举产生,企业代表由企业负责人指定。企业劳动争议调解委员会主任由工会成员或者双方推举的人员担任。

理解适用

[企业劳动争议调解委员会]

企业劳动争议调解委员会由劳动者代表和企业代表组成,人数由双方协商确定,双方人数应当对等。劳动者代表由工会委员会成员担任或者由全体劳动者推举产生,企业代表由企业负责人指定。调解委员会主任由工会委员会成员或者双方推举的人员担任。

[基层人民调解组织]

基层人民调解组织是我国解决民间纠纷的组织。《中华人民共和国人民调解法》规定,人民调解委员会是依法设立的调解民间纠纷的群众性组织。村民委员会、居民委员会设立人民调解委员会。企业事业单位根据需要设立人民调解委员会。人民调解委员会由委员三至九人组成,设主任一人,必要时,可以设副主任若干人。人民调解委员会由委员三至九人组成,设主任一人,必要时,可以设副主任若干人。村民委员会、居民委员会的人民调解委员会委员由村民会议或者村民代表会议、居民会议推选产生;企业事业单位设立的人民调解委员会委员由职工大会、职工代表大会或者工会组织推选产生。人民调解委员会委员每届任期三年,可以连选连任。

实用问答

1. 哪些企业设立劳动争议调解委员会?

答:根据《企业劳动争议协商调解规定》规定,大中型企业应当依法设立调解委员会,并配备专职或者兼职工作人员。有分公司、分店、分厂的企业,可以根据需要在分支机构设立调解委员会。总部调解委员会指导分支机构调解委员会开展劳动争议预防调解工作。调解委员会可以根据需要在车间、工段、班组设立调解小组。小微型企业可以设立调解委员会,也可以由劳动者和企业共同推举人员,开展调解工作。

2. 企业劳动争议调解委员会应履行哪些职责?

答:根据《企业劳动争议协商调解规定》第十六条的规定,企业劳动争议调解委员会履行下列职责:"(一)宣传劳动保障法律、法规和政策;(二)对本企业发生的劳动争议进行调解;(三)监督和解协议、调解协议的履行;(四)聘任、解聘和管理调解员;(五)参与协调履行劳动合同、集体合同、执行企业劳动规章制度等方面出现的问题;(六)参与研究涉及劳动者切身利益的重大方案;(七)协助企业建立劳动争议预防预警机制。"

第十一条 【担任劳动争议调解组织的调解员的条件】

劳动争议调解组织的调解员应当由公道正派、联系群众、热心调解工作,并具有一定法律知识、政策水平和文化水平的成年公民担任。

第十二条 【劳动争议调解申请的形式】

当事人申请劳动争议调解可以书面申请,也可以口头申请。口头申请的,调解组织应当当场记录申请人基本情况、申请调解的争议事项、理由和时间。

第十三条 【劳动争议调解的基本原则】

调解劳动争议,应当充分听取双方当事人对事实和理由的陈述,耐心疏导,帮助其达成协议。

第十四条 【调解协议书及其效力】

经调解达成协议的,应当制作调解协议书。调解协议书由双方当事人签名或者盖章,经调解员签名并加盖调解组织印章后生效,对双方当事人具有约束力,当事人应当履行。自劳动争议调解组织收到调解申请之日起十五日内未达成调解协议的,当事人可以依法申请仲裁。

实用问答

1.调解协议能作为人民法院裁判的根据吗?

答:根据《最高人民法院关于审理劳动争议案件适用法律问题的解释(一)》第五十一条的规定,当事人在《中华人民共和国劳动争议调解仲裁法》第十条规定的调解组织主持下达成的具有劳动权利义务内容的调解协议,具有劳动合同的约束力,可以作为人民法院裁判的根据。

2.用人单位不履行调解协议确定的给付义务,劳动者直接提起诉讼的,人民法院受理吗?

答:根据《最高人民法院关于审理劳动争议案件适用法律问题的解释(一)》第五十一条的规定,当事人在《中华人民共和国劳动争议调解仲裁法》第十条规定的调解组织主持下仅就劳动报酬争议达成调解协议,用人单位不履行调解协议确定的给付义务,劳动者直接提起诉讼的,人民法院可以按照普通民事纠纷受理。

3.在什么情形下,调解协议无效?

答:《最高人民法院关于人民调解协议司法确认程序的若干规定》第七条规定,具有下列情形之一的,人民法院不予确认调解协议效力:"(一)违反法律、行政法规强制性规定的;(二)侵害国家利益、社会公共利益的;(三)侵害案外人合法权益的;(四)损害社会公序良俗的;(五)内容不明确,无法确认的;(六)其他不能进行司法确认的情形。"

第十五条 【不履行调解协议可以申请仲裁】

达成调解协议后,一方当事人在协议约定期限内不履行调解协议的,另一方当事人可以依法申请仲裁。

理解适用

[调解与仲裁的衔接]

调解协议对双方当事人有约束力,对于达成的调解协议,双方都应当自觉履行。但调解协议的效力限于合同效力,不具有直接向人民法院申请强制执行的效力。因此,达成调解协议后,如果一方当事人不履行调解协议,劳动争议并没有得到解决,需要其他的争议解决机制发挥作用。仲裁是解决劳动争议的必经程序,如果一方当事人不履行调解协议,另一方当事人就可以依法申请仲裁,以便使劳动争议得以尽快解决。

第十六条 【劳动者可以向人民法院申请支付令】

因支付拖欠劳动报酬、工伤医疗费、经济补偿或者赔偿金事项达成调解协议,用人单位在协议约定期限内不履行的,劳动者可以持调解协议书依法向人民法院申请支付令。人民法院应当依法发出支付令。

理解适用

[支付令]

支付令是人民法院根据债权人的申请,督促债务人履行债务的程序,是民事诉讼法规定的一种法律制度。

[劳动者申请支付令的程序]

申请支付令的程序是:

(1)向人民法院提交申请书。考虑到《中华人民共和国民事诉讼法》第二百二十五条第二款的规定,劳动者向人民法院提交的申请书应当写明请求给付劳动报酬、工伤医疗费、经济补偿或者赔偿金的数额和所根据的事实、证据。由于劳动者申请支付令的前提是达成了调解协议,因此,劳动者一般只需要提供调解协议书就可以。

(2)向有管辖权的基层人民法院申请。申请支付令的管辖法院的确定应当根据《中华人民共和国民事诉讼法》有关管辖的规定。如《中华人民共和国民事诉讼法》第二十四条规定:"因合同纠纷提起的诉讼,由被告住所地或者合同履行地人民法院管辖。"调解协议具有合同的性质,因此,劳动者可以按照这一条确定申请支付令的管辖法院,选择用人单位所在地或者合同履行地基层人民法院管辖。如果两个以上人民法院都有管辖权,可以根据《中华人民共和国民事诉讼法》第三十六条的规定,劳动者可以向其中一个人民法院申请支付令,劳动者向两个以上有管辖权的法院申请支付令的,由最先受理的人民法院管辖。

(3)受理。《中华人民共和国民事诉讼法》第二百二十六条规定:"债权人提出申请后,人民法院应当在五日内通知债权人是否受理。"因此,劳动者提出申请后,人民法院应当在五日内通知劳动者是否受理。一般来说,申请支付令属于《中华人民共和国劳动争议调解仲裁法》列举的因支付拖欠劳动报酬、工伤医疗费、经济补偿或者赔偿金事项达成调解协议范围的,法院都应当受理。

(4)审查和决定。《中华人民共和国民事诉讼法》第二百二十七条第一款规定:"人民法院受理申请后,经审查债权人提供的事实、证据,对债权债务关系明确、合法的,应当在受理之日起十五日内向债务人发出支付令;申请不成立的,裁定予以驳回。"一般情况下,劳动者申请支付令的依据是他与用人单位达成的调解协议,双方权利义务关系比较明确,因此,法院只要审查调解协议是否合法就可以了,一般只进行书面审查,不需要询问当事人和开庭审查。

(5)清偿或者提出书面异议。《中华人民共和国民事诉讼法》第二百二十七条第二款规定:"债务人应当自收到支付令之日起十五日内清偿债务,或者向人民法院提出书面异议。"因此,支付令发出后,用人单位要么按照支付令的要求向劳动者支付拖欠劳动报酬、工伤医疗费、经济补偿或者赔偿金;要么提出书面异议,如果异议成立,法院就会裁定终结督促程序,支付令自行失效。

(6)申请执行。《中华人民共和国民事诉讼法》第二百二十七条第三款规定:"债务人在前款规定的期间不提出异议又不履行支付令的,债权人可以向人民法院申请执行。"因此,用人单位在收到人民法院发出的支付令之日起十五日内不提出书面异议,又不履行支付令的,劳动者可以向人民法院申请执行,人民法院应当按照《中华人民共和国民事诉讼法》规定的执行程序强制执行。

实用问答

1.用人单位拖欠或者未足额支付劳动报酬的,可以在事先未达成调解协议的条件下,直接申请支付令吗?

答:根据《中华人民共和国劳动合同法》第三十条的规定,用人单位拖欠或者未足额支付劳动报酬的,劳动者可以依法向当地人民法院申请支付令,人民法院应当依法发出支付令,不一定需要事先达成调解协议。

2.支付令失效后,劳动者如何申请救济?

答:根据《中华人民共和国民事诉讼法》第二百二十八条的规定,人民法院发出支付令,如果用人单位提出异议,经审查,异议成立的,支付令自行失效,劳动者可以直接向法院提出诉讼。当然,支付令失效后,劳动者也可以向劳动争议仲裁委员会申请仲裁。这样,就给了劳动者一个选择权,如果劳动者向法院申请支付令,当支付令失效后,劳动者选择向法院提起诉讼,那么也就放弃了劳动仲裁的救济方式。

第三章 仲 裁

第一节 一般规定

第十七条 【劳动争议仲裁委员会的设立】

劳动争议仲裁委员会按照统筹规划、合理布局和适应实际需要的原则设立。省、自治区人民政府可以决定在市、县设立;直辖市人民政府可以决定在区、县设立。直辖市、设区的市也可以设立一个或者若干个劳动争议仲裁委员会。劳动争议仲裁委员会不按行政区划层层设立。

理解适用

[劳动争议仲裁]

劳动争议仲裁是指由劳动争议仲裁委员会应用人单位和劳动者一方当事人的申请,依法对用人单位和劳动者双方的劳动争议依法进行审理,在查明事实、明确是非、分清责任的基础上,作出具有法律效力的裁决,使争议得以解决的争端处理方式。劳动争议仲裁是劳动争议处理的必经程序,当事人对仲裁裁决不服的,可以依法向人民法院提出诉讼;但对于追索劳动报酬、工伤医疗费、经济补偿或者赔偿金,不超过当地月最低工资标准十二个月金额的争议,以及因执行国家的劳动标准在工作时间、休息休假、社会保险等方面发生的争议,仲裁裁决为终局裁决,裁决书自作出之日起发生法律效力。

第十八条 【对于劳动争议,国务院劳动行政部门和省、自治区、直辖市人民政府劳动行政部门的职责】

　　国务院劳动行政部门依照本法有关规定制定仲裁规则。省、自治区、直辖市人民政府劳动行政部门对本行政区域的劳动争议仲裁工作进行指导。

理解适用

[劳动争议仲裁的仲裁规则]

　　劳动争议仲裁的仲裁规则,是指劳动争议仲裁进行的具体程序及此程序中相应的劳动争议仲裁法律关系的规则。民商事仲裁的仲裁规则可以由仲裁机构制定,也可以由当事人自行拟定。但劳动争议仲裁的仲裁规则不是由劳动争议仲裁委员会自行制定或者当事人另外选定,而是由《中华人民共和国劳动争议调解仲裁法》直接授权国务院劳动行政部门依法制定。劳动争议仲裁的仲裁规则的基本内容是规定当事人和劳动争议仲裁委员会在仲裁程序进行过程中的权利义务,以及行使和履行这些权利义务的方式,主要内容包括:仲裁管辖、仲裁组织、仲裁申请和答辩、反请求程序、仲裁庭组成程序、审理程序、裁决程序,以及在相应程序中劳动争议仲裁委员会、仲裁员、当事人和其他劳动争议仲裁参加人的相关权利义务等。

第十九条 【劳动争议仲裁委员会的组成及职责】

　　劳动争议仲裁委员会由劳动行政部门代表、工会代表和企业方面代表组成。劳动争议仲裁委员会组成人员应当是单数。
　　劳动争议仲裁委员会依法履行下列职责:
　　(一)聘任、解聘专职或者兼职仲裁员;
　　(二)受理劳动争议案件;
　　(三)讨论重大或者疑难的劳动争议案件;
　　(四)对仲裁活动进行监督。
　　劳动争议仲裁委员会下设办事机构,负责办理劳动争议仲裁委员会的日常工作。

> 条文参见
>
> 《劳动人事争议仲裁组织规则》第五条、第六条、第七条

第二十条 【劳动争议仲裁员名册和仲裁员任职条件】

> 劳动争议仲裁委员会应当设仲裁员名册。
> 仲裁员应当公道正派并符合下列条件之一：
> （一）曾任审判员的；
> （二）从事法律研究、教学工作并具有中级以上职称的；
> （三）具有法律知识、从事人力资源管理或者工会等专业工作满五年的；
> （四）律师执业满三年的。

第二十一条 【劳动争议仲裁案件的管辖】

> 劳动争议仲裁委员会负责管辖本区域内发生的劳动争议。劳动争议由劳动合同履行地或者用人单位所在地的劳动争议仲裁委员会管辖。双方当事人分别向劳动合同履行地和用人单位所在地的劳动争议仲裁委员会申请仲裁的，由劳动合同履行地的劳动争议仲裁委员会管辖。

> 理解适用

[劳动合同履行地]

劳动合同履行地为劳动者实际工作场所地。

[用人单位所在地]

用人单位所在地为用人单位注册、登记地或者主要办事机构所在地。用人单位未经注册、登记的，其出资人、开办单位或者主管部门所在地为用人单位所在地。

[仲裁案件管辖移送规则]

根据《劳动人事争议仲裁办案规则》的规定，仲裁委员会发现已受理案件不属于其管辖范围的，应当移送至有管辖权的仲裁委员会，并书面通知当事人。对上述移送案件，受移送的仲裁委员会应当依法受理。受移送的仲裁委员会认为移送的案件按照规定不属于其管辖，或者仲裁委员会之间因管辖争议协商不成的，应当报请共同的上一级仲裁委员会主管部门指定管辖。

[仲裁管辖异议处理规则]

根据《劳动人事争议仲裁办案规则》的规定,当事人提出管辖异议的,应当在答辩期满前书面提出。仲裁委员会应当审查当事人提出的管辖异议,异议成立的,将案件移送至有管辖权的仲裁委员会并书面通知当事人;异议不成立的,应当书面决定驳回。当事人逾期提出的,不影响仲裁程序的进行。

实用问答

1. 劳动争议案件的诉讼,由哪个法院管辖?

答:《最高人民法院关于审理劳动争议案件适用法律问题的解释(一)》第三条规定:"劳动争议案件由用人单位所在地或者劳动合同履行地的基层人民法院管辖。劳动合同履行地不明确的,由用人单位所在地的基层人民法院管辖。法律另有规定的,依照其规定。"

2. 有多个劳动合同履行地、履行地不明确的仲裁案件,如何确定仲裁管辖?

答:根据《劳动人事争议仲裁办案规则》的规定,有多个劳动合同履行地的,由最先受理的仲裁委员会管辖。劳动合同履行地不明确的,由用人单位所在地的仲裁委员会管辖。

3. 劳动争议仲裁机构以无管辖权为由对劳动争议案件不予受理,当事人提起诉讼的,人民法院如何处理?

答:《最高人民法院关于审理劳动争议案件适用法律问题的解释(一)》第五条规定:"劳动争议仲裁机构以无管辖权为由对劳动争议案件不予受理,当事人提起诉讼的,人民法院按照以下情形分别处理:(一)经审查认为该劳动争议仲裁机构对案件确无管辖权的,应当告知当事人向有管辖权的劳动争议仲裁机构申请仲裁;(二)经审查认为该劳动争议仲裁机构有管辖权的,应当告知当事人申请仲裁,并将审查意见书面通知该劳动争议仲裁机构;劳动争议仲裁机构仍不受理,当事人就该劳动争议事项提起诉讼的,人民法院应予受理。"

第二十二条 【劳动争议仲裁案件的当事人】

发生劳动争议的劳动者和用人单位为劳动争议仲裁案件的双方当事人。

劳务派遣单位或者用工单位与劳动者发生劳动争议的,劳务派遣单位和用工单位为共同当事人。

理解适用

[用人单位无法担责时,仲裁案件增加共同当事人]

根据《劳动人事争议仲裁办案规则》的规定,发生争议的用人单位未办理营业执照、被吊销营业执照、营业执照到期继续经营、被责令关闭、被撤销以及用人单位解散、歇业,不能承担相关责任的,应当将用人单位和其出资人、开办单位或者主管部门作为共同当事人。

[劳动者与个人承包经营者之间的仲裁案,增加共同当事人]

根据《劳动人事争议仲裁办案规则》的规定,劳动者与个人承包经营者发生争议,依法向仲裁委员会申请仲裁的,应当将发包的组织和个人承包经营者作为共同当事人。

第二十三条 【劳动争议仲裁案件的第三人】

与劳动争议案件的处理结果有利害关系的第三人,可以申请参加仲裁活动或者由劳动争议仲裁委员会通知其参加仲裁活动。

理解适用

[劳动争议仲裁第三人]

劳动争议仲裁中的第三人是指与劳动争议案件的处理结果有法律上的利害关系,仲裁程序开始后参加进来以维护自己的合法权益的人。第三人参加仲裁活动,可以由自己主动申请参加,也可由仲裁委员会通知其参加。一般来说,劳动争议必须有申请人和被申请人这两方当事人,但在个别情况下,也可能出现第三人参加劳动争议仲裁活动。如劳动者在执行职务过程中受到第三方的侵害致伤或者死亡,侵权第三方与其案件的处理具有法律上的利害关系,涉及如何区分劳动者所在单位与侵权第三方的法律责任承担问题。凡是涉及第三人利益的劳动争议案件,第三人未参加仲裁的,仲裁裁决对其不发生法律效力。参加仲裁活动的第三人,如对仲裁裁决其承担责任不服,可以依法向人民法院提起诉讼。

第二十四条 【委托代理人参加仲裁活动】

当事人可以委托代理人参加仲裁活动。委托他人参加仲裁活动,应当向劳动争议仲裁委员会提交有委托人签名或者盖章的委托书,委托书应当载明委托事项和权限。

理解适用

[委托仲裁代理]

仲裁代理分为委托仲裁代理、法定仲裁代理和指定仲裁代理。委托仲裁代理是指受当事人的委托,代理人以被代理人的名义代为参加仲裁活动的制度。委托仲裁代理具有以下特征:(1)代理权的发生基于当事人的意思表示,即代理权基于当事人的授权而发生,而非法律的规定或者仲裁委员会的指定。(2)代理权限由当事人决定,而非法律规定。(3)当事人委托他人参加仲裁活动,应当向劳动争议仲裁委员会提交委托书。委托仲裁代理分为一般委托代理和特别委托代理。一般委托代理,是指代理人只能代理被代理人为一般仲裁行为的代理。特别委托代理,是指代理人不仅可以为被代理人代理一般仲裁行为,而且还可以根据被代理人的特别授权,代为承认、放弃、变更仲裁请求,进行和解、调解等仲裁行为的代理。通常,我们所说的委托仲裁代理都是指一般委托代理,如果是对代理人进行特别授权,应当对此作出特别且明确的说明。授权委托书无明确授权的,只写"委托某某代理仲裁"的,视为代理人无权代为承认、放弃、变更仲裁请求,进行和解、请求和接受调解。

第二十五条 【法定代理和指定代理】

丧失或者部分丧失民事行为能力的劳动者,由其法定代理人代为参加仲裁活动;无法定代理人的,由劳动争议仲裁委员会为其指定代理人。劳动者死亡的,由其近亲属或者代理人参加仲裁活动。

理解适用

［法定仲裁代理中的法定代理人］

由于劳动者一般为成年人，用人单位一方多为法人或其他组织，所以本条对法定代理的规定目的是保护丧失或者部分丧失民事行为能力的劳动者的利益。本条所指的法定仲裁代理中的法定代理人是根据法律的规定行使代理权，代理当事人参加仲裁活动的人，适用于被代理人虽为成年人但因疾病、伤害等情况丧失或者部分丧失民事行为能力的人。

第二十六条 【劳动争议仲裁公开进行及其例外情形】

劳动争议仲裁公开进行，但当事人协议不公开进行或者涉及国家秘密、商业秘密和个人隐私的除外。

条文参见

《中华人民共和国保守国家秘密法》第二条、第十三条、第十四条

第二节 申请和受理

第二十七条 【申请仲裁的时效期间】

劳动争议申请仲裁的时效期间为一年。仲裁时效期间从当事人知道或者应当知道其权利被侵害之日起计算。

前款规定的仲裁时效，因当事人一方向对方当事人主张权利，或者向有关部门请求权利救济，或者对方当事人同意履行义务而中断。从中断时起，仲裁时效期间重新计算。

因不可抗力或者其他正当理由，当事人不能在本条第一款规定的仲裁时效期间申请仲裁的，仲裁时效中止。从中止时效的原因消除之日起，仲裁时效期间继续计算。

劳动关系存续期间因拖欠劳动报酬发生争议的，劳动者申请仲裁不受本条第一款规定的仲裁时效期间的限制；但是，劳动关系终止的，应当自劳动关系终止之日起一年内提出。

理解适用

［仲裁时效的中断］

仲裁时效的中断，是指在仲裁时效进行期间，因当事人一方向对方当事人主张权利，或者向有关部门请求权利救济，或者对方当事人同意履行义务而致使已经经过的仲裁时效期间统归无效，待时效中断事由消除后，重新开始计算仲裁时效期间。

［仲裁时效的中止］

仲裁时效的中止，是指在仲裁时效进行中的某一阶段，因不可抗力或者有其他正当理由，当事人不能在仲裁时效期间申请仲裁，致使权利人不能行使请求权，暂停计算仲裁时效，待阻碍时效进行的事由消除后，继续进行仲裁时效期间的计算。

实用问答

在哪些情形下，仲裁时效中断？

答：根据《劳动人事争议仲裁办案规则》的规定，在申请仲裁的时效期间内，有下列情形之一的，仲裁时效中断：(1)一方当事人通过协商、申请调解等方式向对方当事人主张权利的；(2)一方当事人通过向有关部门投诉，向仲裁委员会申请仲裁，向人民法院起诉或者申请支付令等方式请求权利救济的；(3)对方当事人同意履行义务的。从中断时起，仲裁时效期间重新计算。

案例指引

加班费属于劳动报酬，相关争议处理中应当适用特别仲裁时效（人力资源社会保障部、最高人民法院联合发布10起第二批劳动人事争议典型案例之十：张某与某建筑公司追索劳动报酬纠纷案）

要旨：《中华人民共和国劳动争议调解仲裁法》第二十七条规定："劳动争议申请仲裁的时效期间为一年。仲裁时效期间从当事人知道或者应当知道其权利被侵害之日起计算……劳动关系存续期间因拖欠劳动报酬发生争议的，劳动者申请仲裁不受本条第一款规定的仲裁时效期间的限制；但是，劳动关系终止的，应当自劳动关系终止之日起一年内提出。"《中华人民共和国劳动法》第四十四条规定："有下列情形之一的，用人单位应当按照下列标准支付高于劳动者正常工作时间工资的工资报酬……"《关于工资总额组成的规定》(国家统计局令第1号)第四条规定："工资总额由下列六个部分组成：……(五)加班加点工资……"仲裁时效分为普通仲裁时效和特别仲裁时效,在劳动关系存续期间因拖欠劳动报酬发生劳动争议的,应当适用特别仲裁时效,即劳动关系存续期间的拖欠劳动报酬仲裁时效不受"知道或者应当知道权利被侵害之日起一年"的限制,但是劳动关系终止的,应当自劳动关系终止之日起一年内提出。加班费属于劳动报酬,相关争议处理中应当适用特别仲裁时效。

第二十八条 【申请仲裁的情形以及仲裁申请书的内容】

申请人申请仲裁应当提交书面仲裁申请,并按照被申请人人数提交副本。

仲裁申请书应当载明下列事项：
(一)劳动者的姓名、性别、年龄、职业、工作单位和住所,用人单位的名称、住所和法定代表人或者主要负责人的姓名、职务；
(二)仲裁请求和所根据的事实、理由；
(三)证据和证据来源、证人姓名和住所。

书写仲裁申请确有困难的,可以口头申请,由劳动争议仲裁委员会记入笔录,并告知对方当事人。

理解适用

[**仲裁申请书补正材料**]

对于仲裁申请书不规范或者材料不齐备的,仲裁委员会应当当场或者在五日内一次性告知申请人需要补正的全部材料。

[**仲裁申请撤回与再申请规则**]

仲裁处理结果作出前,申请人可以自行撤回仲裁申请。申请人再次申请仲裁的,仲裁委员会应当受理。

第二十九条 【仲裁申请的受理和不予受理】

劳动争议仲裁委员会收到仲裁申请之日起五日内,认为符合受理条件的,应当受理,并通知申请人；认为不符合受理条件的,应当书面通知申请人不予受理,并说明理由。对劳动争议仲裁委员会不予受理或者逾期未作出决定的,申请人可以就该劳动争议事项向人民法院提起诉讼。

理解适用

[仲裁重复申请不予受理的情形]

根据《劳动人事争议仲裁办案规则》的规定,符合下列情形之一,申请人基于同一事实、理由和仲裁请求又申请仲裁的,仲裁委员会不予受理:(1)仲裁委员会已经依法出具不予受理通知书的;(2)案件已在仲裁、诉讼过程中或者调解书、裁决书、判决书已经发生法律效力的。

实用问答

1. 对于哪些仲裁申请,仲裁委员会应当受理?

答:根据《劳动人事争议仲裁办案规则》的规定,仲裁委员会对符合下列条件的仲裁申请应当予以受理,并在收到仲裁申请之日起五日内向申请人出具受理通知书:"(一)属于本规则第二条规定的争议范围;(二)有明确的仲裁请求和事实理由;(三)申请人是与本案有直接利害关系的自然人、法人或者其他组织,有明确的被申请人;(四)属于本仲裁委员会管辖范围。"

2. 对于不予受理的仲裁申请,仲裁委员会如何处理?

答:《劳动人事争议仲裁办案规则》规定:"对不符合本规则第三十条第(一)、(二)、(三)项规定之一的仲裁申请,仲裁委员会不予受理,并在收到仲裁申请之日起五日内向申请人出具不予受理通知书;对不符合本规则第三十条第(四)项规定的仲裁申请,仲裁委员会应当在收到仲裁申请之日起五日内,向申请人作出书面说明并告知申请人向有管辖权的仲裁委员会申请仲裁。"

第三十条 【送达仲裁申请书与提交仲裁答辩书】

劳动争议仲裁委员会受理仲裁申请后,应当在五日内将仲裁申请书副本送达被申请人。

被申请人收到仲裁申请书副本后,应当在十日内向劳动争议仲裁委员会提交答辩书。劳动争议仲裁委员会收到答辩书后,应当在五日内将答辩书副本送达申请人。被申请人未提交答辩书的,不影响仲裁程序的进行。

理解适用

[仲裁答辩书的内容构成]

提交仲裁答辩书是被申请人在仲裁中的一项权利,当事人可以提交仲裁答辩书,也可以不提交仲裁答辩书。一份完整、规范的仲裁答辩书主要由以下几部分组成:(1)首部。主要包括标题和当事人基本情况。(2)案由。简要写明对何人提出的何仲裁案件进行答辩。(3)答辩意见。该部分应对申请人的仲裁请求进行明确答复,清楚地表明自己的态度,写明自己对案件的主张和理由。一般先陈述事实,再提出自己的意见,或承认其请求,或反驳其请求。对仲裁请求的反驳,既可以从实体上,也可以从程序上进行反驳,重点是揭示对方法律行为的错误之处,对方陈述的事实和依据的证据中的不足之处;提出相反的证据,说明自己法律行为的合法性;列举有关法律规定,论证自己主张的正确性,以便请求劳动争议仲裁委员会通过仲裁予以法律保护。从程序上反驳主要是说明申请人不能提请仲裁,仲裁庭对案件没有管辖权等方面。(4)反请求。若申请人有反请求,要具体写明反请求的各项内容及其所依据的事实证据和理由。(5)尾部。该部分应写明致送的劳动争议仲裁委员会的全称,在右下方写明答辩人的姓名,答辩人是法人或其他组织的,要写出其全称,并另行写出法定代表人或主要负责人的姓名、职务,如委托仲裁代理人,代理人也应签名、盖章,并注明年、月、日。在附项栏中写明附件的份数及名称并按顺序号装订在答辩书正文之后。

[反申请及其处理规则]

根据《劳动人事争议仲裁办案规则》的规定,被申请人可以在答辩期间提出反申请,仲裁委员会应当自收到被申请人反申请之日起五日内决定是否受理并通知申请人。决定受理的,仲裁委员会可以将反申请和申请合并处理。反申请应当另行申请仲裁的,仲裁委员会应当书面告知被申请人另行申请仲裁;反申请不属于《劳动人事争议仲裁办案规则》规定应当受理的,仲裁委员会应当向被申请人出具不予受理通知书。被申请人答辩期满后对申请人提出反申请的,应当另行申请仲裁。

第三节 开庭和裁决

第三十一条 【仲裁庭组成】

劳动争议仲裁委员会裁决劳动争议案件实行仲裁庭制。仲裁庭由三名仲裁员组成,设首席仲裁员。简单劳动争议案件可以由一名仲裁员独任仲裁。

理解适用

[劳动争议案件的裁决简易处理及独任仲裁]

根据《劳动人事争议仲裁办案规则》的规定,争议案件符合下列情形之一的,可以简易处理:(1)事实清楚、权利义务关系明确、争议不大的;(2)标的额不超过本省、自治区、直辖市上年度职工年平均工资的;(3)双方当事人同意简易处理的。仲裁委员会决定简易处理的,可以指定一名仲裁员独任仲裁,并应当告知当事人。但是,争议案件有下列情形之一的,不得简易处理:(1)涉及国家利益、社会公共利益的;(2)有重大社会影响的;(3)被申请人下落不明的;(4)仲裁委员会认为不宜简易处理的。

[简易处理转为一般程序及其期限计算规则]

根据《劳动人事争议仲裁办案规则》的规定,仲裁庭在审理过程中发现案件不宜简易处理的,应当在仲裁期限届满前决定转为按照一般程序处理,并告知当事人。案件转为按照一般程序处理的,仲裁期限自仲裁委员会受理仲裁申请之日起计算,双方当事人已经确认的事实,可以不再进行举证、质证。

条文参见

《劳动人事争议仲裁组织规则》第十二条、第十三条

第三十二条 【劳动争议仲裁委员会书面通知仲裁庭组成情况】

劳动争议仲裁委员会应当在受理仲裁申请之日起五日内将仲裁庭的组成情况书面通知当事人。

条文参见

《劳动人事争议仲裁组织规则》第五条、第十五条

第三十三条 【仲裁员回避制度】

仲裁员有下列情形之一,应当回避,当事人也有权以口头或者书面方式提出回避申请:

(一)是本案当事人或者当事人、代理人的近亲属的;
(二)与本案有利害关系的;
(三)与本案当事人、代理人有其他关系,可能影响公正裁决的;
(四)私自会见当事人、代理人,或者接受当事人、代理人的请客送礼的。

劳动争议仲裁委员会对回避申请应当及时作出决定,并以口头或者书面方式通知当事人。

理解适用

[回避申请规则]

根据《劳动人事争议仲裁办案规则》的规定,当事人申请回避,应当在案件开庭审理前提出,并说明理由。回避事由在案件开庭审理后知晓的,也可以在庭审辩论终结前提出。当事人在庭审辩论终结后提出回避申请的,不影响仲裁程序的进行。仲裁委员会应当在回避申请提出的三日内,以口头或者书面形式作出决定。以口头形式作出的,应当记入笔录。

[回避决定权限]

根据《劳动人事争议仲裁办案规则》的规定,仲裁员、记录人员是否回避,由仲裁委员会主任或者其委托的仲裁院负责人决定。仲裁委员会主任担任案件仲裁员是否回避,由仲裁委员会决定。

第三十四条 【仲裁员的法律责任】

仲裁员有本法第三十三条第四项规定情形,或者有索贿受贿、徇私舞弊、枉法裁决行为的,应当依法承担法律责任。劳动争议仲裁委员会应当将其解聘。

理解适用

[仲裁员违规处理规定]

根据《劳动人事争议仲裁组织规则》的规定,仲裁员不得有下列行为:(1)徇私枉法,偏袒一方当事人;(2)滥用职权,侵犯当事人合法权益;(3)利用职权为自己或者他人谋取私利;(4)隐瞒证据或者伪造证据;(5)私自会见当事人及其代理人,接受当事人及其代理人的请客送礼;(6)故意拖延办案、玩忽职守;(7)泄露案件涉及的国家秘密、商业秘密和个人隐私或者擅自透露案件处理情况;(8)在受聘期间担任所在仲裁委员会受理案件的代理人;(9)其他违法违纪的行为。仲裁员有上述情形的,仲裁委员会视情节轻重,给予批评教育、解聘等处理;被解聘的,五年内不得再次被聘为仲裁员。仲裁员所在单位根据国家有关规定对其给予处分;构成犯罪的,依法追究刑事责任。

实用问答

依法承担仲裁职责的人员,在仲裁活动中故意违背事实和法律作枉法裁决的,如何处理?

答:根据《中华人民共和国刑法》第三百九十九条之一的规定,依法承担仲裁职责的人员,在仲裁活动中故意违背事实和法律作枉法裁决,情节严重的,处三年以下有期徒刑或者拘役;情节特别严重的,处三年以上七年以下有期徒刑。

条文参见

《劳动人事争议仲裁组织规则》第二十六条、第三十四条

第三十五条 【开庭通知与延期开庭】

仲裁庭应当在开庭五日前,将开庭日期、地点书面通知双方当事人。当事人有正当理由的,可以在开庭三日前请求延期开庭。是否延期,由劳动争议仲裁委员会决定。

理解适用

[延期开庭的正当理由]

《中华人民共和国劳动争议调解仲裁法》没有对延期开庭的正当理由作出明确具体的规定。结合《中华人民共和国民事诉讼法》第一百四十九条的

规定,一般认为,延期开庭的正当理由主要包括以下几种情形:(1)当事人由于不可抗力的事由或其他特殊情况不能到庭的,例如当事人患重大疾病或遭受其他身体伤害影响其行使权利的;劳动者身边的条件存在紧急情形,如重大自然灾害、战争等对当事人出庭行使权利形成障碍的。(2)当事人在仲裁审理中临时提出回避申请的。申请回避是当事人的一项重要权利,一般来说当事人应当在知道仲裁庭成员名单后,开庭前提出回避。但有时,可能当事人当时并不知道仲裁员存在应当回避的情形,或者当事人可以申请回避的情形,如仲裁员接受另一方当事人贿赂等,发生在仲裁审理过程中的,一般认为,当事人仍有权提出回避申请。这时,劳动争议仲裁委员会应当对当事人的回避申请进行审查,作出是否同意其回避申请的决定。(3)需要调取新的证据重新鉴定、勘验的。当事人在法定期限内提出延期开庭的请求后,并不必然会导致仲裁开庭延期进行,而是由劳动争议仲裁委员会根据对当事人的申请是否有正当理由的判断,作出是否同意延期开庭的决定。是否延期开庭的决定由劳动争议仲裁委员会作出,而并非该案件的仲裁庭。

第三十六条 【当事人无正当理由拒不到庭或者未经仲裁庭同意中途退庭】

申请人收到书面通知,无正当理由拒不到庭或者未经仲裁庭同意中途退庭的,可以视为撤回仲裁申请。被申请人收到书面通知,无正当理由拒不到庭或者未经仲裁庭同意中途退庭的,可以缺席裁决。

实用问答

仲裁参与人和其他人在仲裁庭开庭中,不得有哪些行为?

答:根据《劳动人事争议仲裁办案规则》第四十三条的规定,仲裁参与人和其他人应当遵守仲裁庭纪律,不得有下列行为:"(一)未经准许进行录音、录像、摄影;(二)未经准许以移动通信等方式现场传播庭审活动;(三)其他扰乱仲裁庭秩序、妨害审理活动进行的行为。"仲裁参与人或者其他人有上述情形之一的,仲裁庭可以训诫、责令退出仲裁庭,也可以暂扣进行录音、录像、摄影、传播庭审活动的器材,并责令其删除有关内容。拒不删除的,可以采取必要手段强制删除,并将上述事实记入庭审笔录。

第三十七条 【劳动争议仲裁中的鉴定问题】

仲裁庭对专门性问题认为需要鉴定的,可以交由当事人约定的鉴定机构鉴定;当事人没有约定或者无法达成约定的,由仲裁庭指定的鉴定机构鉴定。根据当事人的请求或者仲裁庭的要求,鉴定机构应当派鉴定人参加开庭。当事人经仲裁庭许可,可以向鉴定人提问。

理解适用

[仲裁委员会调查取证的程序规范要求]

仲裁委员会依法调查取证时,有关单位和个人应当协助配合。仲裁委员会调查取证时,不得少于两人,并应当向被调查对象出示工作证件和仲裁委员会出具的介绍信。

[鉴定费用的负担规则]

当事人申请鉴定的,鉴定费由申请鉴定方先行垫付,案件处理终结后,由鉴定结果对其不利方负担。鉴定结果不明确的,由申请鉴定方负担。

实用问答

在什么情况下,会重新鉴定证据?

答:根据《最高人民法院关于民事诉讼证据的若干规定》第四十条的规定,当事人申请重新鉴定,存在下列情形之一的,人民法院应当准许:"(一)鉴定人不具备相应资格的;(二)鉴定程序严重违法的;(三)鉴定意见明显依据不足的;(四)鉴定意见不能作为证据使用的其他情形。"存在上述第一项至第三项情形的,鉴定人已经收取的鉴定费用应当退还。拒不退还的,依照《最高人民法院关于民事诉讼证据的若干规定》第八十一条第二款的规定处理。对鉴定意见的瑕疵,可以通过补正、补充鉴定或者补充质证、重新质证等方法解决的,人民法院不予准许重新鉴定的申请。根据《最高人民法院关于民事诉讼证据的若干规定》第八十一条的规定,当事人因鉴定人拒不出庭作证申请重新鉴定的,人民法院应当准许。

第三十八条 【劳动争议仲裁中的质证和辩论问题】

当事人在仲裁过程中有权进行质证和辩论。质证和辩论终结时,首席仲裁员或者独任仲裁员应当征询当事人的最后意见。

理解适用

[质证的顺序]

质证按下列顺序进行:(1)申请人出示证据,被申请人、第三人与申请人进行质证;(2)被申请人出示证据,申请人、第三人与被申请人进行质证;(3)第三人出示证据,申请人、被申请人与第三人进行质证。

[辩论的顺序]

辩论的顺序,可参照《中华人民共和国民事诉讼法》规定的顺序:(1)申请人及其代理人发言。申请人及其代理人的发言,主要是针对事实和证据、应当适用的法律,发表自己的意见。(2)被申请人及其代理人答辩。被申请人及其代理人的答辩主要是针对申请人及其代理人的主张进行的。内容主要是驳斥申请人及其代理人的主张,为自己的主张辩护。(3)第三人及其代理人发言或者答辩。有第三人参加仲裁的,申请人和被申请人发言、答辩完毕后,仲裁庭应当请第三人就案件事实和应当适用的法律等问题,发表意见,阐述主张。(4)双方当事人及第三人互相辩论。经过上述程序后,仲裁庭应当让双方当事人及第三人就本案的问题互相发问。辩论的顺序原则上还是申请人及其代理人、被申请人及其代理人、第三人及其代理人。第一轮辩论结束,首席仲裁员或者独任仲裁员应当询问当事人是否还有补充意见。当事人要求继续发言的,应当允许,但当事人不得重复第一轮的发言。一轮辩论结束后当事人要求继续辩论的,可以进行下一轮辩论。下一轮辩论不得重复上一轮的内容。仲裁庭应当引导当事人围绕案件争议焦点进行辩论。必要时,仲裁庭可以限定当事人及其代理人发表意见的时间。仲裁庭应当保证双方平等地进行辩论。在辩论过程中,仲裁员不得就双方争议的问题发表意见,不得与当事人辩论。当事人不得滥用辩论权利,无理狡辩,互相争吵,哄闹滋事;不得发表与争议焦点无关的意见,不得重复已经发表的意见。

第三十九条 【证据及举证责任】

当事人提供的证据经查证属实的,仲裁庭应当将其作为认定事实的根据。劳动者无法提供由用人单位掌握管理的与仲裁请求有关的证据,仲裁庭可以要求用人单位在指定期限内提供。用人单位在指定期限内不提供的,应当承担不利后果。

理解适用

[增加或者变更仲裁请求的处理规则]

根据《劳动人事争议仲裁办案规则》的规定,申请人在举证期限届满前可以提出增加或者变更仲裁请求;仲裁庭对申请人增加或者变更的仲裁请求审查后认为应当受理的,应当通知被申请人并给予答辩期,被申请人明确表示放弃答辩期的除外。申请人在举证期限届满后提出增加或者变更仲裁请求的,应当另行申请仲裁。

[单一证据的审核认定]

仲裁员对单一证据可以从下列方面进行审核认定:(1)证据是否为原件、原物,复制件、复制品与原件、原物是否相符;(2)证据与本案事实是否相关;(3)证据的形式、来源是否符合法律规定;(4)证据的内容是否真实;(5)证人或者提供证据的人与当事人有无利害关系。仲裁员对案件的全部证据,应当从各证据与案件事实的关联程度、各证据之间的联系等方面进行综合审查判断。

[不能单独作为认定案件事实根据的证据]

下列证据不能单独作为认定案件事实的依据:(1)无民事行为能力人或者限制民事行为能力人所作的与其年龄、智力状况或精神健康状况不相当的证言;(2)与一方当事人或者其代理人有利害关系的证人陈述的证言;(3)存有疑点的视听资料、电子数据;(4)无法与原件、原物核对的复印件、复制品;(5)当事人的陈述。当事人在诉讼过程中认可的证据,人民法院应当予以确认。但法律、司法解释另有规定的除外。

[无须举证证明的事实]

根据《最高人民法院关于民事诉讼证据的若干规定》的规定,下列事实,当事人无须举证证明:"(一)自然规律以及定理、定律;(二)众所周知的事实;(三)根据法律规定推定的事实;(四)根据已知的事实和日常生活经验法则推定出的另一事实;(五)已为仲裁机构的生效裁决所确认的事实;(六)已为人民法院发生法律效力的裁判所确认的基本事实;(七)已为有效公证文书所证明的事实。"上述第二项至第五项事实,当事人有相反证据足以反驳的除外;第六项、第七项事实,当事人有相反证据足以推翻的除外。

[实用问答]

仲裁委员会如何处理逾期提供的证据?

答:根据《劳动人事争议仲裁办案规则》的规定,承担举证责任的当事人应当在仲裁委员会指定的期限内提供有关证据。当事人在该期限内提供证据确有困难的,可以向仲裁委员会申请延长期限,仲裁委员会根据当事人的申请适当延长。当事人逾期提供证据的,仲裁委员会应当责令其说明理由;拒不说明理由或者理由不成立的,仲裁委员会可以根据不同情形不予采纳该证据,或者采纳该证据但予以训诫。

第四十条 【劳动争议仲裁开庭笔录】

仲裁庭应当将开庭情况记入笔录。当事人和其他仲裁参加人认为对自己陈述的记录有遗漏或者差错的,有权申请补正。如果不予补正,应当记录该申请。笔录由仲裁员、记录人员、当事人和其他仲裁参加人签名或者盖章。

第四十一条 【劳动争议仲裁中当事人自行和解】

当事人申请劳动争议仲裁后,可以自行和解。达成和解协议的,可以撤回仲裁申请。

[理解适用]

[和解与调解]

和解与调解都是当事人在自愿和享有处分权的前提下,通过平等协商、互相妥协达成的,但二者又有以下区别:(1)是否由仲裁庭主持不同。和解是当事人自行通过协商达成解决方案的活动,而调解是当事人在仲裁庭的主持下达成解决方案的活动。(2)发生的阶段不同。和解可以发生在当事人申请仲裁后到裁决作出前的任一阶段,可以在开庭时,也可以在开庭前或开庭后;而调解只能发生在仲裁庭作出裁决前的那一阶段。(3)达成协议后结案的方式不同。和解达成和解协议后当事人撤回仲裁申请的,劳动争议仲裁即结案;而调解达成调解协议后仲裁庭制作调解书的,劳动争议仲裁即结案。

第四十二条 【先行调解】

仲裁庭在作出裁决前,应当先行调解。调解达成协议的,仲裁庭应当制作调解书。调解书应当写明仲裁请求和当事人协议的结果。调解书由仲裁员签名,加盖劳动争议仲裁委员会印章,送达双方当事人。调解书经双方当事人签收后,发生法律效力。调解不成或者调解书送达前,一方当事人反悔的,仲裁庭应当及时作出裁决。

理解适用

[劳动争议仲裁案的调解程序]

劳动争议仲裁案件中的调解程序一般如下:(1)确定或者建议适当的调解方式。在调解程序中,仲裁员相互之间、仲裁员与当事人之间以及当事人双方之间可以协商适当的调解方式。调解可以通过书面或者面对面等方式进行。(2)分清是非曲直。仲裁员应当查清案件事实,分清责任,听取当事人的陈述和申辩。(3)提出建议方案。仲裁庭应当遵循客观、公平和公正的原则,提出解决争议的具体建议,供当事人参考或者接受。(4)制作调解书或者恢复仲裁。调解成功、达成协议的,仲裁庭应当制作调解书。调解不成功的,仲裁庭应当及时宣布调解终结,迅速恢复仲裁程序,防止久调不决。

实用问答

1. 在哪些情形下,调解程序终止?

答:调解程序一般在下列情形下终止:(1)当事人达成调解协议,由仲裁庭制作调解书并送达双方当事人,经双方签署后,调解程序终止;(2)一方或双方当事人明确表示拒绝调解的,调解程序终止;(3)仲裁庭根据实际情况认为不宜调解,明确告知双方当事人。第一种情况下的终止,标志着案件审理完毕;后两种情况下,调解程序终止后,审理活动自动转入仲裁程序。

2. 已经发生法律效力的劳动争议仲裁机构作出的调解书,一方当事人反悔提起诉讼的,人民法院受理吗?

答:《最高人民法院关于审理劳动争议案件适用法律问题的解释(一)》第十一条规定,劳动争议仲裁机构作出的调解书已经发生法律效力,一方当事人反悔提起诉讼的,人民法院不予受理;已经受理的,裁定驳回起诉。

第四十三条 【仲裁审理期限及先行裁决】

仲裁庭裁决劳动争议案件,应当自劳动争议仲裁委员会受理仲裁申请之日起四十五日内结束。案情复杂需要延期的,经劳动争议仲裁委员会主任批准,可以延期并书面通知当事人,但是延长期限不得超过十五日。逾期未作出仲裁裁决的,当事人可以就该劳动争议事项向人民法院提起诉讼。仲裁庭裁决劳动争议案件时,其中一部分事实已经清楚,可以就该部分先行裁决。

理解适用

[仲裁期限重新计算或不计入的情形]

根据《劳动人事争议仲裁办案规则》的规定,有下列情形的,仲裁期限按照下列规定计算:(1)仲裁庭追加当事人或者第三人的,仲裁期限从决定追加之日起重新计算;(2)申请人需要补正材料的,仲裁委员会收到仲裁申请的时间从材料补正之日起重新计算;(3)增加、变更仲裁请求的,仲裁期限从受理增加、变更仲裁请求之日起重新计算;(4)仲裁申请和反申请合并处理的,仲裁期限从受理反申请之日起重新计算;(5)案件移送管辖的,仲裁期限从接受移送之日起重新计算;(6)中止审理期间、公告送达期间不计入仲裁期限内;(7)法律、法规规定应当另行计算的其他情形。

实用问答

1. 在哪些情形下,可以中止仲裁案件的审理?

答:根据《劳动人事争议仲裁办案规则》的规定,有下列情形之一的,经仲裁委员会主任或者其委托的仲裁院负责人批准,可以中止案件审理,并书面通知当事人:"(一)劳动者一方当事人死亡,需要等待继承人表明是否参加仲裁的;(二)劳动者一方当事人丧失民事行为能力,尚未确定法定代理人参加仲裁的;(三)用人单位终止,尚未确定权利义务承继者的;(四)一方当事人因不可抗拒的事由,不能参加仲裁的;(五)案件审理需要以其他案件的审理结果为依据,且其他案件尚未审结的;(六)案件处理需要等待工伤认定、伤残等级鉴定以及其他鉴定结论的;(七)其他应当中止仲裁审理的情形。"中止审理的情形消除后,仲裁庭应当恢复审理。

2. 劳动争议仲裁机构逾期未作出受理决定或仲裁裁决,当事人直接提起诉讼的,人民法院是否受理?

答:《最高人民法院关于审理劳动争议案件适用法律问题的解释(一)》第十二条规定:"劳动争议仲裁机构逾期未作出受理决定或仲裁裁决,当事人直接提起诉讼的,人民法院应予受理,但申请仲裁的案件存在下列事由的除外:(一)移送管辖的;(二)正在送达或者送达延误的;(三)等待另案诉讼结果、评残结论的;(四)正在等待劳动争议仲裁机构开庭的;(五)启动鉴定程序或者委托其他部门调查取证的;(六)其他正当事由。当事人以劳动争议仲裁机构逾期未作出仲裁裁决为由提起诉讼的,应当提交该仲裁机构出具的受理通知书或者其他已接受仲裁申请的凭证、证明。"

第四十四条 【可以裁决先予执行的案件】

仲裁庭对追索劳动报酬、工伤医疗费、经济补偿或者赔偿金的案件,根据当事人的申请,可以裁决先予执行,移送人民法院执行。

仲裁庭裁决先予执行的,应当符合下列条件:

(一)当事人之间权利义务关系明确;

(二)不先予执行将严重影响申请人的生活。劳动者申请先予执行的,可以不提供担保。

条文参见

《中华人民共和国民事诉讼法》第一百一十一条

第四十五条 【作出仲裁裁决】

裁决应当按照多数仲裁员的意见作出,少数仲裁员的不同意见应当记入笔录。仲裁庭不能形成多数意见时,裁决应当按照首席仲裁员的意见作出。

理解适用

[仲裁文书的送达]

根据《劳动人事争议仲裁办案规则》的规定，仲裁委员会送达仲裁文书必须有送达回证，由受送达人在送达回证上记明收到日期，并签名或者盖章。受送达人在送达回证上的签收日期为送达日期。因企业停业等原因导致无法送达且劳动者一方在十人以上的，或者受送达人拒绝签收仲裁文书的，通过在受送达人住所留置、张贴仲裁文书，并采用拍照、录像等方式记录的，自留置、张贴之日起经过三日即视为送达，不受上述规定的限制。

第四十六条 【裁决书的内容和形式】

裁决书应当载明仲裁请求、争议事实、裁决理由、裁决结果和裁决日期。裁决书由仲裁员签名，加盖劳动争议仲裁委员会印章。对裁决持不同意见的仲裁员，可以签名，也可以不签名。

理解适用

[裁决书中遗漏事项的补正]

根据《劳动人事争议仲裁办案规则》的规定，对裁决书中的文字、计算错误或者仲裁庭已经裁决但在裁决书中遗漏的事项，仲裁庭应当及时制作决定书予以补正并送达当事人。

[仲裁案卷]

根据《劳动人事争议仲裁办案规则》的规定，案件处理终结后，仲裁委员会应当将处理过程中形成的全部材料立卷归档。仲裁案卷分正卷和副卷装订。正卷包括：仲裁申请书、受理（不予受理）通知书、答辩书、当事人及其他仲裁参加人的身份证明材料、授权委托书、调查证据、勘验笔录、当事人提供的证据材料、委托鉴定材料、开庭通知、庭审笔录、延期通知书、撤回仲裁申请书、调解书、裁决书、决定书、案件移送函、送达回证等。副卷包括：立案审批表、延期审理审批表、中止审理审批表、调查提纲、阅卷笔录、会议笔录、评议记录、结案审批表等。仲裁委员会应当建立案卷查阅制度。对案卷正卷材料，应当允许当事人及其代理人依法查阅、复制。

> **实用问答**

在什么情形下,人民法院裁定不予执行劳动争议仲裁裁决书、调解书?

答:《最高人民法院关于审理劳动争议案件适用法律问题的解释(一)》第二十四条规定:"当事人申请人民法院执行劳动争议仲裁机构作出的发生法律效力的裁决书、调解书,被申请人提出证据证明劳动争议仲裁裁决书、调解书有下列情形之一,并经审查核实的,人民法院可以根据民事诉讼法第二百三十七条规定,裁定不予执行:(一)裁决的事项不属于劳动争议仲裁范围,或者劳动争议仲裁机构无权仲裁的;(二)适用法律、法规确有错误的;(三)违反法定程序的;(四)裁决所根据的证据是伪造的;(五)对方当事人隐瞒了足以影响公正裁决的证据的;(六)仲裁员在仲裁该案时有索贿受贿、徇私舞弊、枉法裁决行为的;(七)人民法院认定执行该劳动争议仲裁裁决违背社会公共利益的。人民法院在不予执行的裁定书中,应当告知当事人在收到裁定书之次日起三十日内,可以就该劳动争议事项向人民法院提起诉讼。"

第四十七条 【一裁终局的案件】

下列劳动争议,除本法另有规定的外,仲裁裁决为终局裁决,裁决书自作出之日起发生法律效力:

(一)追索劳动报酬、工伤医疗费、经济补偿或者赔偿金,不超过当地月最低工资标准十二个月金额的争议;

(二)因执行国家的劳动标准在工作时间、休息休假、社会保险等方面发生的争议。

> **理解适用**

[经济补偿]

根据《劳动人事争议仲裁办案规则》的规定,本条的经济补偿包括《中华人民共和国劳动合同法》规定的竞业限制期限内给予的经济补偿、解除或者终止劳动合同的经济补偿等。

[赔偿金]

根据《劳动人事争议仲裁办案规则》的规定,赔偿金包括《中华人民共和国劳动合同法》规定的未签订书面劳动合同第二倍工资、违法约定试用期的赔偿金、违法解除或者终止劳动合同的赔偿金等。

[单项裁决金额不超过当地月最低工资标准十二个月金额的劳动争议事项的范围]

根据《人力资源社会保障部、最高人民法院关于劳动人事争议仲裁与诉讼衔接有关问题的意见(一)》的规定,仲裁裁决涉及下列事项,对单项裁决金额不超过当地月最低工资标准十二个月金额的,劳动人事争议仲裁委员会应当适用终局裁决:"(一)劳动者在法定标准工作时间内提供正常劳动的工资;(二)停工留薪期工资或者病假工资;(三)用人单位未提前通知劳动者解除劳动合同的一个月工资;(四)工伤医疗费;(五)竞业限制的经济补偿;(六)解除或者终止劳动合同的经济补偿;(七)《中华人民共和国劳动合同法》第八十二条规定的第二倍工资;(八)违法约定试用期的赔偿金;(九)违法解除或者终止劳动合同的赔偿金;(十)其他劳动报酬、经济补偿或者赔偿金。"

实用问答

1. 仲裁裁决书未载明该裁决为终局裁决或者非终局裁决,用人单位不服该仲裁裁决向基层人民法院提起诉讼的,如何处理?

答:《最高人民法院关于审理劳动争议案件适用法律问题的解释(一)》第十八条规定:"仲裁裁决的类型以仲裁裁决书确定为准。仲裁裁决书未载明该裁决为终局裁决或者非终局裁决,用人单位不服该仲裁裁决向基层人民法院提起诉讼的,应当按照以下情形分别处理:(一)经审查认为该仲裁裁决为非终局裁决的,基层人民法院应予受理;(二)经审查认为该仲裁裁决为终局裁决的,基层人民法院不予受理,但应告知用人单位可以自收到不予受理裁定书之日起三十日内向劳动争议仲裁机构所在地的中级人民法院申请撤销该仲裁裁决;已经受理的,裁定驳回起诉。"

2. 同一仲裁裁决同时包含终局裁决事项和非终局裁决事项,当事人不服该仲裁裁决向人民法院提起诉讼的,应当如何处理?

答:《最高人民法院关于审理劳动争议案件适用法律问题的解释(一)》第二十条规定:"劳动争议仲裁机构作出的同一仲裁裁决同时包含终局裁决事项和非终局裁决事项,当事人不服该仲裁裁决向人民法院提起诉讼的,应当按照非终局裁决处理。"

第四十八条　【劳动者不服一裁终局案件的裁决提起诉讼的期限】

劳动者对本法第四十七条规定的仲裁裁决不服的,可以自收到仲裁裁决书之日起十五日内向人民法院提起诉讼。

理解适用

[用人单位和劳动者对仲裁裁决不服的救济途径]

本法对用人单位和劳动者规定了不同的救济途径:(1)关于用人单位。《中华人民共和国劳动争议调解仲裁法》第四十九条规定了用人单位可以申请撤销仲裁裁决。(2)关于劳动者。考虑到在保障双方当事人救济权利的前提下,需要使劳动者行使救济权利更方便,对其保障更充分。因此《中华人民共和国劳动争议调解仲裁法》把劳动者作为一裁终局的除外情况加以规定,劳动者对《中华人民共和国劳动争议调解仲裁法》第四十七条规定的仲裁裁决不服的,可以向法院提起诉讼。

第四十九条　【用人单位不服一裁终局案件的裁决可以诉请撤销的条件】

用人单位有证据证明本法第四十七条规定的仲裁裁决有下列情形之一,可以自收到仲裁裁决书之日起三十日内向劳动争议仲裁委员会所在地的中级人民法院申请撤销裁决:

(一)适用法律、法规确有错误的;

(二)劳动争议仲裁委员会无管辖权的;

(三)违反法定程序的;

(四)裁决所根据的证据是伪造的;

(五)对方当事人隐瞒了足以影响公正裁决的证据的;

(六)仲裁员在仲裁该案时有索贿受贿、徇私舞弊、枉法裁决行为的。

人民法院经组成合议庭审查核实裁决有前款规定情形之一的,应当裁定撤销。

仲裁裁决被人民法院裁定撤销的,当事人可以自收到裁定书之日起十五日内就该劳动争议事项向人民法院提起诉讼。

理解适用

[违反法定程序]

本条的违反法定程序主要是指:(1)仲裁组织的组成不合法;(2)违反了有关回避规定;(3)违反了有关期间规定;(4)审理程序违法等。

[中级人民法院作出的用人单位申请撤销一裁终局案件的裁定不得上诉]

《最高人民法院关于审理劳动争议案件适用法律问题的解释(一)》第二十二条规定:"用人单位依据调解仲裁法第四十九条规定向中级人民法院申请撤销仲裁裁决,中级人民法院作出的驳回申请或者撤销仲裁裁决的裁定为终审裁定。"

实用问答

劳动者依据《中华人民共和国劳动争议调解仲裁法》第四十八条规定向基层人民法院提起诉讼,用人单位依据《中华人民共和国劳动争议调解仲裁法》第四十九条规定向劳动争议仲裁机构所在地的中级人民法院申请撤销仲裁裁决的,如何处理?

答:《最高人民法院关于审理劳动争议案件适用法律问题的解释(一)》第二十一条规定:"劳动者依据调解仲裁法第四十八条规定向基层人民法院提起诉讼,用人单位依据调解仲裁法第四十九条规定向劳动争议仲裁机构所在地的中级人民法院申请撤销仲裁裁决的,中级人民法院应当不予受理;已经受理的,应当裁定驳回申请。被人民法院驳回起诉或者劳动者撤诉的,用人单位可以自收到裁定书之日起三十日内,向劳动争议仲裁机构所在地的中级人民法院申请撤销仲裁裁决。"

第五十条 【其他不服仲裁裁决提起诉讼的期限】

当事人对本法第四十七条规定以外的其他劳动争议案件的仲裁裁决不服的,可以自收到仲裁裁决书之日起十五日内向人民法院提起诉讼;期满不起诉的,裁决书发生法律效力。

理解适用

[被追加的劳动争议仲裁诉讼当事人]

当事人不服劳动争议仲裁机构作出的仲裁裁决,依法提起诉讼,人民法院审查认为仲裁裁决遗漏了必须共同参加仲裁的当事人的,应当依法追加遗漏的人为诉讼当事人。被追加的当事人应当承担责任的,人民法院应当一并处理。

[劳动人事争议仲裁委员会认为已经生效的仲裁处理结果有错误,如何处理]

根据《人力资源社会保障部、最高人民法院关于劳动人事争议仲裁与诉讼衔接有关问题的意见(一)》的规定,劳动人事争议仲裁委员会认为已经生效的仲裁处理结果确有错误,可以依法启动仲裁监督程序,但当事人提起诉讼,人民法院已经受理的除外。劳动人事争议仲裁委员会重新作出处理结果后,当事人依法提起诉讼的,人民法院应当受理。

实用问答

1. 当事人对裁决中的部分事项不服提起诉讼的,劳动争议仲裁裁决发生法律效力吗?

答:《最高人民法院关于审理劳动争议案件适用法律问题的解释(一)》第十六条规定:"劳动争议仲裁机构作出仲裁裁决后,当事人对裁决中的部分事项不服,依法提起诉讼的,劳动争议仲裁裁决不发生法律效力。"

2. 部分劳动者对仲裁裁决不服,依法提起诉讼的,劳动争议仲裁裁决发生法律效力吗?

答:《最高人民法院关于审理劳动争议案件适用法律问题的解释(一)》第十七条规定:"劳动争议仲裁机构对多个劳动者的劳动争议作出仲裁裁决后,部分劳动者对仲裁裁决不服,依法提起诉讼的,仲裁裁决对提起诉讼的劳动者不发生法律效力;对未提起诉讼的部分劳动者,发生法律效力,如其申请执行的,人民法院应当受理。"

3. 对于当事人不服劳动争议仲裁机构作出的裁决,依法提起诉讼的哪些纠纷,人民法院应予受理?

答:《最高人民法院关于审理劳动争议案件适用法律问题的解释(一)》第一条规定:"劳动者与用人单位之间发生的下列纠纷,属于劳动争议,当事人不服劳动争议仲裁机构作出的裁决,依法提起诉讼的,人民法院应予受理:(一)劳动者与用人单位在履行劳动合同过程中发生的纠纷;(二)劳动者与用人单位之间没有订立书面劳动合同,但已形成劳动关系后发生的纠纷;(三)劳动者与用人单位因劳动关系是否已经解除或者终止,以及应否支付解除或者终止劳动关系经济补偿金发生的纠纷;(四)劳动者与用人单位解除或者终止劳动关系后,请求用人单位返还其收取的劳动合同定金、保证金、抵押金、抵押物发生的纠纷,或者办理劳动者的人事档案、社会保险关系等移转手续发生的纠纷;(五)劳动者以用人单位未为其办理社会保险手续,且社会保险经办机构不能补办导致其无法享受社会保险待遇为由,要求用人单位赔偿损失发生的纠纷;(六)劳动者退休后,与尚未参加社会保险统筹的原用人单位因追索养老金、医疗费、工伤保险待遇和其他社会保险待遇而发生的纠纷;(七)劳动者因为工伤、职业病,请求用人单位依法给予工伤保险待遇发生的纠纷;(八)劳动者依据劳动合同法第八十五条规定,要求用人单位支付加付赔偿金发生的纠纷;(九)因企业自主进行改制发生的纠纷。"

第五十一条 【当事人对发生法律效力的调解书、裁决书的履行和申请执行】

当事人对发生法律效力的调解书、裁决书,应当依照规定的期限履行。一方当事人逾期不履行的,另一方当事人可以依照民事诉讼法的有关规定向人民法院申请执行。受理申请的人民法院应当依法执行。

理解适用

[发生法律效力的裁决书]

发生法律效力的裁决书包括:(1)根据《中华人民共和国劳动争议调解仲裁法》第四十七条的规定,一裁终局的裁决,裁决书自作出之日起发生法律效力;(2)《中华人民共和国劳动争议调解仲裁法》第五十条规定,当事人对《中华人民共和国劳动争议调解仲裁法》第四十七条规定以外的其他劳动争议案件的仲裁裁决不服的,可以自收到仲裁裁决书之日起十五日内向人民法院提起诉讼;期满不起诉的,裁决书发生法律效力。

第四章 附 则

第五十二条 【事业单位劳动争议处理的法律适用】

事业单位实行聘用制的工作人员与本单位发生劳动争议的,依照本法执行;法律、行政法规或者国务院另有规定的,依照其规定。

第五十三条 【劳动争议仲裁不收费】

劳动争议仲裁不收费。劳动争议仲裁委员会的经费由财政予以保障。

第五十四条 【施行时间】

本法自2008年5月1日起施行。

附录一　配套核心法规

中华人民共和国劳动法

（1994年7月5日第八届全国人民代表大会常务委员会第八次会议通过　根据2009年8月27日第十一届全国人民代表大会常务委员会第十次会议《关于修改部分法律的决定》第一次修正　根据2018年12月29日第十三届全国人民代表大会常务委员会第七次会议《关于修改〈中华人民共和国劳动法〉等七部法律的决定》第二次修正）

目　录

第一章　总　则
第二章　促进就业
第三章　劳动合同和集体合同
第四章　工作时间和休息休假
第五章　工　资
第六章　劳动安全卫生
第七章　女职工和未成年工特殊保护
第八章　职业培训
第九章　社会保险和福利
第十章　劳动争议
第十一章　监督检查
第十二章　法律责任
第十三章　附　则

第一章　总　则

第一条　【立法目的】为了保护劳动者的合法权益，调整劳动关系，建立和维护适应社会主义市场经济的劳动制度，促进经济发展和社会进步，根据宪法，制定本法。

第二条 【适用范围】在中华人民共和国境内的企业、个体经济组织(以下统称用人单位)和与之形成劳动关系的劳动者,适用本法。

国家机关、事业组织、社会团体和与之建立劳动合同关系的劳动者,依照本法执行。

第三条 【劳动者权利】劳动者享有平等就业和选择职业的权利、取得劳动报酬的权利、休息休假的权利、获得劳动安全卫生保护的权利、接受职业技能培训的权利、享受社会保险和福利的权利、提请劳动争议处理的权利以及法律规定的其他劳动权利。

劳动者应当完成劳动任务,提高职业技能,执行劳动安全卫生规程,遵守劳动纪律和职业道德。

[劳动报酬的构成要素]

根据《集体合同规定》第九条的规定,劳动报酬主要包括:(1)用人单位工资水平、工资分配制度、工资标准和工资分配形式;(2)工资支付办法;(3)加班、加点工资及津贴、补贴标准和奖金分配办法;(4)工资调整办法;(5)试用期及病、事假等期间的工资待遇;(6)特殊情况下职工工资(生活费)支付办法;(7)其他劳动报酬分配办法。

第四条 【用人单位义务】用人单位应当依法建立和完善规章制度,保障劳动者享有劳动权利和履行劳动义务。

第五条 【国家措施】国家采取各种措施,促进劳动就业,发展职业教育,制定劳动标准,调节社会收入,完善社会保险,协调劳动关系,逐步提高劳动者的生活水平。

第六条 【国家倡导和鼓励义务劳动】国家提倡劳动者参加社会义务劳动,开展劳动竞赛和合理化建议活动,鼓励和保护劳动者进行科学研究、技术革新和发明创造,表彰和奖励劳动模范和先进工作者。

第七条 【参加和组织工会】劳动者有权依法参加和组织工会。

工会代表和维护劳动者的合法权益,依法独立自主地开展活动。

第八条 【参与民主管理或协商】劳动者依照法律规定,通过职工大会、职工代表大会或者其他形式,参与民主管理或者就保护劳动者合法权益与用人单位进行平等协商。

第九条 【劳动工作主管部门】国务院劳动行政部门主管全国劳动工作。

县级以上地方人民政府劳动行政部门主管本行政区域内的劳动工作。

第二章 促进就业

第十条 【国家扶持就业】国家通过促进经济和社会发展,创造就业条件,扩大就业机会。

国家鼓励企业、事业组织、社会团体在法律、行政法规规定的范围内兴办产业或者拓展经营,增加就业。

国家支持劳动者自愿组织起来就业和从事个体经营实现就业。

第十一条 【职介机构发展】地方各级人民政府应当采取措施,发展多种类型的职业介绍机构,提供就业服务。

第十二条 【就业平等】劳动者就业,不因民族、种族、性别、宗教信仰不同而受歧视。

第十三条 【就业男女平等】妇女享有与男子平等的就业权利。在录用职工时,除国家规定的不适合妇女的工种或者岗位外,不得以性别为由拒绝录用妇女或者提高对妇女的录用标准。

第十四条 【特殊人员的就业】残疾人、少数民族人员、退出现役的军人的就业,法律、法规有特别规定的,从其规定。

第十五条 【禁招未成年人和特殊行业相关规定】禁止用人单位招用未满十六周岁的未成年人。

文艺、体育和特种工艺单位招用未满十六周岁的未成年人,必须遵守国家有关规定,并保障其接受义务教育的权利。

[用人单位招用未成年人的限制]

答:根据《中华人民共和国未成年人保护法》第六十一条的规定,任何组织或者个人不得招用未满十六周岁未成年人,国家另有规定的除外。营业性娱乐场所、酒吧、互联网上网服务营业场所等不适宜未成年人活动的场所不得招用已满十六周岁的未成年人。招用已满十六周岁未成年人的单位和个人应当执行国家在工种、劳动时间、劳动强度和保护措施等方面的规定,不得安排其从事过重、有毒、有害等危害未成年人身心健康的劳动或者危险作业。任何组织或者个人不得组织未成年人进行危害其身心健康的表演等活动。经未成年人的父母或者其他监护人同意,未成年人参与演出、节目制作等活动,活动组织方应当根据国家有关规定,保障未成年人合法权益。

第三章　劳动合同和集体合同

第十六条 【劳动合同】劳动合同是劳动者与用人单位确立劳动关系、明确双方权利和义务的协议。

建立劳动关系应当订立劳动合同。

第十七条 【合同的订立和变更】订立和变更劳动合同,应当遵循平等自愿、协商一致的原则,不得违反法律、行政法规的规定。

劳动合同依法订立即具有法律约束力,当事人必须履行劳动合同规定的义务。

[用人单位未与劳动者协商一致增加工作任务,劳动者有权拒绝]①

某报刊公司超出合理限度大幅增加张某的工作任务,应视为变更劳动合同约定的内容,违反了关于"协商一致"变更劳动合同的法律规定,已构成变相强迫劳动者加班。因此,张某有权依法拒绝上述安排。某报刊公司以张某不服从工作安排为由与其解除劳动合同不符合法律规定。故仲裁委员会依法裁决某报刊公司支付张某违法解除劳动合同赔偿金。

第十八条 【无效合同】下列劳动合同无效:

(一)违反法律、行政法规的劳动合同;

(二)采取欺诈、威胁等手段订立的劳动合同。

无效的劳动合同,从订立的时候起,就没有法律约束力。确认劳动合同部分无效的,如果不影响其余部分的效力,其余部分仍然有效。

劳动合同的无效,由劳动争议仲裁委员会或者人民法院确认。

第十九条 【合同形式和条款】劳动合同应当以书面形式订立,并具备以下条款:

(一)劳动合同期限;

(二)工作内容;

(三)劳动保护和劳动条件;

(四)劳动报酬;

(五)劳动纪律;

(六)劳动合同终止的条件;

(七)违反劳动合同的责任。

劳动合同除前款规定的必备条款外,当事人可以协商约定其他内容。

第二十条 【合同期限】劳动合同的期限分为有固定期限、无固定期限和以完成一定的工作为期限。

劳动者在同一用人单位连续工作满十年以上,当事人双方同意续延劳动合同的,如果劳动者提出订立无固定期限的劳动合同,应当订立无固定期限的劳动合同。

---

① 《劳动人事争议典型案例(第二批)》,载最高人民法院网 2021 年 8 月 26 日,https://www.court.gov.cn/zixun/xiangqing/319151.html。

[订立无固定期限劳动合同的情形]

根据《中华人民共和国劳动合同法》第十四条的规定,用人单位与劳动者协商一致,可以订立无固定期限劳动合同。有下列情形之一,劳动者提出或者同意续订、订立劳动合同的,除劳动者提出订立固定期限劳动合同外,应当订立无固定期限劳动合同:(1)劳动者在该用人单位连续工作满十年的;(2)用人单位初次实行劳动合同制度或者国有企业改制重新订立劳动合同时,劳动者在该用人单位连续工作满十年且距法定退休年龄不足十年的;(3)连续订立二次固定期限劳动合同,且劳动者没有《中华人民共和国劳动合同法》第三十九条和第四十条第一项、第二项规定的情形,续订劳动合同的。用人单位自用工之日起满一年不与劳动者订立书面劳动合同的,视为用人单位与劳动者已订立无固定期限劳动合同。

第二十一条 【试用期约定】劳动合同可以约定试用期。试用期最长不得超过六个月。

[劳动合同试用期期限]

根据《中华人民共和国劳动合同法》第十九条的规定,劳动合同期限三个月以上不满一年的,试用期不得超过一个月;劳动合同期限一年以上不满三年的,试用期不得超过两个月;三年以上固定期限和无固定期限的劳动合同,试用期不得超过六个月。同一用人单位与同一劳动者只能约定一次试用期。

[用人单位与劳动者不得约定试用期的情形]

根据《中华人民共和国劳动合同法》的规定,用人单位与劳动者不得约定试用期的情形有以下几种:(1)以完成一定工作任务为期限的劳动合同不得约定试用期。(2)劳动合同期限不满三个月的不得约定试用期。(3)非全日制用工双方当事人不得约定试用期。

第二十二条 【商业秘密事项约定】劳动合同当事人可以在劳动合同中约定保守用人单位商业秘密的有关事项。

第二十三条 【合同终止】劳动合同期满或者当事人约定的劳动合同终止条件出现,劳动合同即行终止。

第二十四条 【合同解除】经劳动合同当事人协商一致,劳动合同可以解除。

第二十五条 【单位解除劳动合同事项】劳动者有下列情形之一的,用人单位可以解除劳动合同:

(一)在试用期间被证明不符合录用条件的;

(二)严重违反劳动纪律或者用人单位规章制度的;

（三）严重失职，营私舞弊，对用人单位利益造成重大损害的；

（四）被依法追究刑事责任的。

第二十六条 【解除合同提前通知】有下列情形之一的，用人单位可以解除劳动合同，但是应当提前三十日以书面形式通知劳动者本人：

（一）劳动者患病或者非因工负伤，医疗期满后，不能从事原工作也不能从事由用人单位另行安排的工作的；

（二）劳动者不能胜任工作，经过培训或者调整工作岗位，仍不能胜任工作的；

（三）劳动合同订立时所依据的客观情况发生重大变化，致使原劳动合同无法履行，经当事人协商不能就变更劳动合同达成协议的。

第二十七条 【用人单位裁员】用人单位濒临破产进行法定整顿期间或者生产经营状况发生严重困难，确需裁减人员的，应当提前三十日向工会或者全体职工说明情况，听取工会或者职工的意见，经向劳动行政部门报告后，可以裁减人员。

用人单位依据本条规定裁减人员，在六个月内录用人员的，应当优先录用被裁减的人员。

[经济性裁员的条件]

根据《中华人民共和国劳动合同法》第四十一条的规定，有下列情形之一，需要裁减人员二十人以上或者裁减不足二十人但占企业职工总数百分之十以上的，用人单位提前三十日向工会或者全体职工说明情况，听取工会或者职工的意见后，裁减人员方案经向劳动行政部门报告，可以裁减人员：(1)依照《中华人民共和国企业破产法》规定进行重整的；(2)生产经营发生严重困难的；(3)企业转产、重大技术革新或者经营方式调整，经变更劳动合同后，仍需裁减人员的；(4)其他因劳动合同订立时所依据的客观经济情况发生重大变化，致使劳动合同无法履行的。

[经济性裁员时，用人单位应履行的程序]

根据劳动部印发的《企业经济性裁减人员规定》第四条的规定，用人单位确需裁减人员，应按下列程序进行：(1)提前三十日向工会或者全体职工说明情况，并提供有关生产经营状况的资料；(2)提出裁减人员方案，内容包括：被裁减人员名单，裁减时间及实施步骤，符合法律、法规规定和集体合同约定的被裁减人员经济补偿办法；(3)将裁减人员方案征求工会或者全体职工的意见，并对方案进行修改和完善；(4)向当地劳动行政部门报告裁减人员方案以及工会或者全体职工的意见，并听取劳动行政部门的意见；(5)由用人单位正式公布裁减员方案，与被裁减人员办理解除劳动合同手续，按照有关规定向被裁减人员本人支付经济补偿金，出具裁减人员证明书。

[经济性裁员中优先留用人员、不得裁减人员]

根据《中华人民共和国劳动合同法》第四十一条的规定，裁减人员时，应当优先留用下列人员：(1)与本单位订立较长期限的固定期限劳动合同的；(2)与本单位订立无固定期限劳动合同的；(3)家庭无其他就业人员，有需要扶养的老人或者未成年人的。根据劳动部印发的《企业经济性裁减人员规定》第五条的规定，用人单位不得裁减下列人员：(1)患职业病或者因工负伤并被确认丧失或者部分丧失劳动能力的；(2)患病或者负伤，在规定的医疗期内的；(3)女职工在孕期、产期、哺乳期内的；(4)法律、行政法规规定的其他情形。

第二十八条 【经济补偿】用人单位依据本法第二十四条、第二十六条、第二十七条的规定解除劳动合同的，应当依照国家有关规定给予经济补偿。

第二十九条 【用人单位解除合同的限制情形】劳动者有下列情形之一的，用人单位不得依据本法第二十六条、第二十七条的规定解除劳动合同：

（一）患职业病或者因工负伤并被确认丧失或者部分丧失劳动能力的；

（二）患病或者负伤，在规定的医疗期内的；

（三）女职工在孕期、产期、哺乳期内的；

（四）法律、行政法规规定的其他情形。

第三十条 【工会职权】用人单位解除劳动合同，工会认为不适当的，有权提出意见。如果用人单位违反法律、法规或者劳动合同，工会有权要求重新处理；劳动者申请仲裁或者提起诉讼的，工会应当依法给予支持和帮助。

第三十一条 【劳动者解除合同的提前通知期限】劳动者解除劳动合同，应当提前三十日以书面形式通知用人单位。

第三十二条 【劳动者随时通知解除合同情形】有下列情形之一的，劳动者可以随时通知用人单位解除劳动合同：

（一）在试用期内的；

（二）用人单位以暴力、威胁或者非法限制人身自由的手段强迫劳动的；

（三）用人单位未按照劳动合同约定支付劳动报酬或者提供劳动条件的。

[劳动者在试用期内解除劳动合同，用人单位是否需要支付经济补偿金]

根据劳动部印发的《关于贯彻执行〈中华人民共和国劳动法〉若干问题的意见》第四十条的规定，劳动者依据《中华人民共和国劳动法》第三十二条第一项"在试用期内"解除劳动合同，用人单位可以不支付经济补偿金，但应按照劳动者的实际工作天数支付工资。

第三十三条　【集体合同】企业职工一方与企业可以就劳动报酬、工作时间、休息休假、劳动安全卫生、保险福利等事项，签订集体合同。集体合同草案应当提交职工代表大会或者全体职工讨论通过。

集体合同由工会代表职工与企业签订；没有建立工会的企业，由职工推举的代表与企业签订。

第三十四条　【集体合同生效】集体合同签订后应当报送劳动行政部门；劳动行政部门自收到集体合同文本之日起十五日内未提出异议的，集体合同即行生效。

第三十五条　【集体合同效力】依法签订的集体合同对企业和企业全体职工具有约束力。职工个人与企业订立的劳动合同中劳动条件和劳动报酬等标准不得低于集体合同的规定。

第四章　工作时间和休息休假

第三十六条　【国家工时制度】国家实行劳动者每日工作时间不超过八小时、平均每周工作时间不超过四十四小时的工时制度。

第三十七条　【计件报酬标准和劳动定额确定】对实行计件工作的劳动者，用人单位应当根据本法第三十六条规定的工时制度合理确定其劳动定额和计件报酬标准。

第三十八条　【休息日最低保障】用人单位应当保证劳动者每周至少休息一日。

第三十九条　【工休办法替代】企业因生产特点不能实行本法第三十六条、第三十八条规定的，经劳动行政部门批准，可以实行其他工作和休息办法。

第四十条　【法定假日】用人单位在下列节日期间应当依法安排劳动者休假：

（一）元旦；

（二）春节；

（三）国际劳动节；

（四）国庆节；

（五）法律、法规规定的其他休假节日。

[全体公民放假的节日]

根据2024年修订后的《全国年节及纪念日放假办法》的规定，全体公民放假的节日包括："（一）元旦，放假1天（1月1日）；（二）春节，放假4天（农历除夕、正月初一至初三）；（三）清明节，放假1天（农历清明当日）；（四）劳动节，放假2天(5月1日、2日);(五)端午节,放假1天(农历端午当日);(六)中秋节,放假1天(农历中秋当日);(七)国庆节,放假3天(10月1日至3日)。"

第四十一条 【工作时间延长限制】用人单位由于生产经营需要,经与工会和劳动者协商后可以延长工作时间,一般每日不得超过一小时;因特殊原因需要延长工作时间的,在保障劳动者身体健康的条件下延长工作时间每日不得超过三小时,但是每月不得超过三十六小时。

第四十二条 【延长工作时间限制的例外】有下列情形之一的,延长工作时间不受本法第四十一条规定的限制:

(一)发生自然灾害、事故或者因其他原因,威胁劳动者生命健康和财产安全,需要紧急处理的;

(二)生产设备、交通运输线路、公共设施发生故障,影响生产和公众利益,必须及时抢修的;

(三)法律、行政法规规定的其他情形。

第四十三条 【禁止违法延长工作时间】用人单位不得违反本法规定延长劳动者的工作时间。

第四十四条 【延长工时的报酬支付】有下列情形之一的,用人单位应当按照下列标准支付高于劳动者正常工作时间工资的工资报酬:

(一)安排劳动者延长工作时间的,支付不低于工资的百分之一百五十的工资报酬;

(二)休息日安排劳动者工作又不能安排补休的,支付不低于工资的百分之二百的工资报酬;

(三)法定休假日安排劳动者工作的,支付不低于工资的百分之三百的工资报酬。

[劳动者与用人单位订立放弃加班费协议应认定无效,劳动者可以主张加班费][1]

《中华人民共和国劳动合同法》第二十六条规定:"下列劳动合同无效或者部分无效:……(二)用人单位免除自己的法定责任、排除劳动者权利的;……"《最高人民法院关于审理劳动争议案件适用法律问题的解释(一)》(法释〔2020〕26号)第三十五条规定:"劳动者与用人单位就解除或者终止劳动合同办理相关手续、支付工资报酬、加班费、经济补偿或者赔偿金等达成的协议,不

---

[1] 《劳动人事争议典型案例(第二批)》,载最高人民法院网2021年8月26日,https://www.court.gov.cn/zixun/xiangqing/319151.html。

违反法律、行政法规的强制性规定,且不存在欺诈、胁迫或者乘人之危情形的,应当认定有效。前款协议存在重大误解或者显失公平情形,当事人请求撤销的,人民法院应予支持。"加班费是劳动者延长工作时间的工资报酬,《中华人民共和国劳动法》第四十四条、《中华人民共和国劳动合同法》第三十一条明确规定了用人单位支付劳动者加班费的责任。约定放弃加班费的协议免除了用人单位的法定责任、排除了劳动者权利,显失公平,应认定无效。

第四十五条 【带薪年休假制度】国家实行带薪年休假制度。

劳动者连续工作一年以上的,享受带薪年休假。具体办法由国务院规定。

第五章 工 资

第四十六条 【工资分配原则】工资分配应当遵循按劳分配原则,实行同工同酬。

工资水平在经济发展的基础上逐步提高。国家对工资总量实行宏观调控。

第四十七条 【工资分配方式、水平确定】用人单位根据本单位的生产经营特点和经济效益,依法自主确定本单位的工资分配方式和工资水平。

第四十八条 【最低工资保障】国家实行最低工资保障制度。最低工资的具体标准由省、自治区、直辖市人民政府规定,报国务院备案。

用人单位支付劳动者的工资不得低于当地最低工资标准。

第四十九条 【最低工资标准参考因素】确定和调整最低工资标准应当综合参考下列因素:

(一)劳动者本人及平均赡养人口的最低生活费用;

(二)社会平均工资水平;

(三)劳动生产率;

(四)就业状况;

(五)地区之间经济发展水平的差异。

第五十条 【工资支付形式】工资应当以货币形式按月支付给劳动者本人。不得克扣或者无故拖欠劳动者的工资。

第五十一条 【法定休假日和婚丧假期间工资保障】劳动者在法定休假日和婚丧假期间以及依法参加社会活动期间,用人单位应当依法支付工资。

第六章 劳动安全卫生

第五十二条 【用人单位职责】用人单位必须建立、健全劳动安全卫生制度,严格执行国家劳动安全卫生规程和标准,对劳动者进行劳动安全卫生教育,防止劳动过程中的事故,减少职业危害。

第五十三条 【劳动安全卫生设施标准】劳动安全卫生设施必须符合国家规定的标准。

新建、改建、扩建工程的劳动安全卫生设施必须与主体工程同时设计、同时施工、同时投入生产和使用。

第五十四条 【劳动者劳动安全防护及健康保护】用人单位必须为劳动者提供符合国家规定的劳动安全卫生条件和必要的劳动防护用品,对从事有职业危害作业的劳动者应当定期进行健康检查。

第五十五条 【特种作业资格】从事特种作业的劳动者必须经过专门培训并取得特种作业资格。

[特种作业的范围]

根据劳动部办公厅印发的《关于〈劳动法〉若干条文的说明》第五十五条的规定,特种作业的范围有十类:(1)电工作业;(2)锅炉司炉;(3)压力容器操作;(4)起重机械作业;(5)爆破作业;(6)金属焊接(气割)作业;(7)煤矿井下瓦斯检验;(8)机动车辆驾驶;(9)机动船舶驾驶、轮机操作;(10)建筑登高架设作业。

第五十六条 【劳动过程安全防护】劳动者在劳动过程中必须严格遵守安全操作规程。

劳动者对用人单位管理人员违章指挥、强令冒险作业,有权拒绝执行;对危害生命安全和身体健康的行为,有权提出批评、检举和控告。

第五十七条 【伤亡事故和职业病统计报告、处理制度】国家建立伤亡事故和职业病统计报告和处理制度。县级以上各级人民政府劳动行政部门、有关部门和用人单位应当依法对劳动者在劳动过程中发生的伤亡事故和劳动者的职业病状况,进行统计、报告和处理。

[用人单位和医疗卫生机构发现职业病病人或者疑似职业病病人时,如何处理]

根据《中华人民共和国职业病防治法》第五十条的规定,用人单位和医疗卫生机构发现职业病病人或者疑似职业病病人时,应当及时向所在地卫生行政部门报告。确诊为职业病的,用人单位还应当向所在地劳动保障行政部门报告。接到报告的部门应当依法作出处理。

第七章 女职工和未成年工特殊保护

第五十八条 【女职工和未成年工特殊劳动保护】国家对女职工和未成年

工实行特殊劳动保护。

未成年工是指年满十六周岁未满十八周岁的劳动者。

第五十九条 【劳动强度限制】禁止安排女职工从事矿山井下、国家规定的第四级体力劳动强度的劳动和其他禁忌从事的劳动。

[女职工禁忌从事的劳动范围]

根据2012年4月28日公布的《女职工劳动保护特别规定》之规定，女职工禁忌从事的劳动范围包括：(1)矿山井下作业；(2)体力劳动强度分级标准中规定的第四级体力劳动强度的作业；(3)每小时负重六次以上、每次负重超过二十公斤的作业，或者间断负重、每次负重超过二十五公斤的作业。

第六十条 【经期劳动强度限制】不得安排女职工在经期从事高处、低温、冷水作业和国家规定的第三级体力劳动强度的劳动。

[女职工在经期禁忌从事的劳动范围]

根据2012年4月28日公布的《女职工劳动保护特别规定》之规定，女职工在经期禁忌从事的劳动范围包括：(1)冷水作业分级标准中规定的第二级、第三级、第四级冷水作业；(2)低温作业分级标准中规定的第二级、第三级、第四级低温作业；(3)体力劳动强度分级标准中规定的第三级、第四级体力劳动强度的作业；(4)高处作业分级标准中规定的第三级、第四级高处作业。

第六十一条 【孕期劳动强度限制】不得安排女职工在怀孕期间从事国家规定的第三级体力劳动强度的劳动和孕期禁忌从事的劳动。对怀孕七个月以上的女职工，不得安排其延长工作时间和夜班劳动。

[女职工在孕期禁忌从事的劳动范围]

根据2012年4月28日公布的《女职工劳动保护特别规定》之规定，女职工在孕期禁忌从事的劳动范围包括：(1)作业场所空气中铅及其化合物、汞及其化合物、苯、镉、铍、砷、氰化物、氮氧化物、一氧化碳、二硫化碳、氯、己内酰胺、氯丁二烯、氯乙烯、环氧乙烷、苯胺、甲醛等有毒物质浓度超过国家职业卫生标准的作业；(2)从事抗癌药物、己烯雌酚生产，接触麻醉剂气体等的作业；(3)非密封源放射性物质的操作，核事故与放射事故的应急处置；(4)高处作业分级标准中规定的高处作业；(5)冷水作业分级标准中规定的冷水作业；(6)低温作业分级标准中规定的低温作业；(7)高温作业分级标准中规定的第三级、第四级的作业；(8)噪声作业分级标准中规定的第三级、第四级的作业；(9)体力劳动强度分级标准中规定的第三级、第四级体力劳动强度的作业；(10)在密闭空间、高压室作业或者潜水作业，伴有强烈振动的作业，或者需要频繁弯腰、攀高、下蹲的作业。

第六十二条 【产假】女职工生育享受不少于九十天的产假。

第六十三条 【哺乳期劳动保护】不得安排女职工在哺乳未满一周岁的婴儿期间从事国家规定的第三级体力劳动强度的劳动和哺乳期禁忌从事的其他劳动,不得安排其延长工作时间和夜班劳动。

[女职工在哺乳期禁忌从事的劳动范围]

根据2012年4月28日公布的《女职工劳动保护特别规定》之规定,女职工在哺乳期禁忌从事的劳动范围包括:(1)作业场所空气中铅及其化合物、汞及其化合物、苯、镉、铍、砷、氰化物、氮氧化物、一氧化碳、二硫化碳、氯、己内酰胺、氯丁二烯、氯乙烯、环氧乙烷、苯胺、甲醛等有毒物质浓度超过国家职业卫生标准的作业;(2)非密封源放射性物质的操作,核事故与放射事故的应急处置;(3)体力劳动强度分级标准中规定的第三级、第四级体力劳动强度的作业;(4)作业场所空气中锰、氟、溴、甲醇、有机磷化合物、有机氯化合物等有毒物质浓度超过国家职业卫生标准的作业。

第六十四条 【未成年工劳动保护】不得安排未成年工从事矿山井下、有毒有害、国家规定的第四级体力劳动强度的劳动和其他禁忌从事的劳动。

第六十五条 【未成年工健康检查】用人单位应当对未成年工定期进行健康检查。

第八章 职业培训

第六十六条 【发展目标】国家通过各种途径,采取各种措施,发展职业培训事业,开发劳动者的职业技能,提高劳动者素质,增强劳动者的就业能力和工作能力。

第六十七条 【政府支持】各级人民政府应当把发展职业培训纳入社会经济发展的规划,鼓励和支持有条件的企业、事业组织、社会团体和个人进行各种形式的职业培训。

第六十八条 【职业培训】用人单位应当建立职业培训制度,按照国家规定提取和使用职业培训经费,根据本单位实际,有计划地对劳动者进行职业培训。

从事技术工种的劳动者,上岗前必须经过培训。

第六十九条 【职业技能标准和资格证书】国家确定职业分类,对规定的职业制定职业技能标准,实行职业资格证书制度,由经备案的考核鉴定机构负责对劳动者实施职业技能考核鉴定。

第九章 社会保险和福利

第七十条 【发展目标】国家发展社会保险事业,建立社会保险制度,设立社会保险基金,使劳动者在年老、患病、工伤、失业、生育等情况下获得帮助和补偿。

第七十一条 【协调发展】社会保险水平应当与社会经济发展水平和社会承受能力相适应。

第七十二条 【基金来源】社会保险基金按照保险类型确定资金来源,逐步实行社会统筹。用人单位和劳动者必须依法参加社会保险,缴纳社会保险费。

第七十三条 【享受社保情形】劳动者在下列情形下,依法享受社会保险待遇:

(一)退休;

(二)患病、负伤;

(三)因工伤残或者患职业病;

(四)失业;

(五)生育。

劳动者死亡后,其遗属依法享受遗属津贴。

劳动者享受社会保险待遇的条件和标准由法律、法规规定。

劳动者享受的社会保险金必须按时足额支付。

第七十四条 【社保基金管理】社会保险基金经办机构依照法律规定收支、管理和运营社会保险基金,并负有使社会保险基金保值增值的责任。

社会保险基金监督机构依照法律规定,对社会保险基金的收支、管理和运营实施监督。

社会保险基金经办机构和社会保险基金监督机构的设立和职能由法律规定。

任何组织和个人不得挪用社会保险基金。

第七十五条 【补充保险和个人储蓄保险】国家鼓励用人单位根据本单位实际情况为劳动者建立补充保险。

国家提倡劳动者个人进行储蓄性保险。

第七十六条 【国家和用人单位的发展福利事业责任】国家发展社会福利事业,兴建公共福利设施,为劳动者休息、休养和疗养提供条件。

用人单位应当创造条件,改善集体福利,提高劳动者的福利待遇。

第十章 劳 动 争 议

第七十七条 【劳动争议处理】用人单位与劳动者发生劳动争议,当事人可以依法申请调解、仲裁、提起诉讼,也可以协商解决。

调解原则适用于仲裁和诉讼程序。

第七十八条 【解决争议的原则】解决劳动争议,应当根据合法、公正、及时处理的原则,依法维护劳动争议当事人的合法权益。

第七十九条 【调解和仲裁】劳动争议发生后,当事人可以向本单位劳动争议调解委员会申请调解;调解不成,当事人一方要求仲裁的,可以向劳动争议仲裁委员会申请仲裁。当事人一方也可以直接向劳动争议仲裁委员会申请仲裁。对仲裁裁决不服的,可以向人民法院提起诉讼。

第八十条 【劳动争议调解委员会及调解协议】在用人单位内,可以设立劳动争议调解委员会。劳动争议调解委员会由职工代表、用人单位代表和工会代表组成。劳动争议调解委员会主任由工会代表担任。

劳动争议经调解达成协议的,当事人应当履行。

第八十一条 【仲裁委员会组成】劳动争议仲裁委员会由劳动行政部门代表、同级工会代表、用人单位方面的代表组成。劳动争议仲裁委员会主任由劳动行政部门代表担任。

第八十二条 【仲裁期日】提出仲裁要求的一方应当自劳动争议发生之日起六十日内向劳动争议仲裁委员会提出书面申请。仲裁裁决一般应在收到仲裁申请的六十日内作出。对仲裁裁决无异议的,当事人必须履行。

第八十三条 【起诉和强制执行】劳动争议当事人对仲裁裁决不服的,可以自收到仲裁裁决书之日起十五日内向人民法院提起诉讼。一方当事人在法定期限内不起诉又不履行仲裁裁决的,另一方当事人可以申请人民法院强制执行。

第八十四条 【集体合同争议处理】因签订集体合同发生争议,当事人协商解决不成的,当地人民政府劳动行政部门可以组织有关各方协调处理。

因履行集体合同发生争议,当事人协商解决不成的,可以向劳动争议仲裁委员会申请仲裁;对仲裁裁决不服的,可以自收到仲裁裁决书之日起十五日内向人民法院提起诉讼。

第十一章 监督检查

第八十五条 【劳动行政部门监督检查】县级以上各级人民政府劳动行政部门依法对用人单位遵守劳动法律、法规的情况进行监督检查,对违反劳动法律、法规的行为有权制止,并责令改正。

第八十六条 【公务检查】县级以上各级人民政府劳动行政部门监督检查

人员执行公务,有权进入用人单位了解执行劳动法律、法规的情况,查阅必要的资料,并对劳动场所进行检查。

县级以上各级人民政府劳动行政部门监督检查人员执行公务,必须出示证件,秉公执法并遵守有关规定。

第八十七条 【政府监督】县级以上各级人民政府有关部门在各自职责范围内,对用人单位遵守劳动法律、法规的情况进行监督。

第八十八条 【工会监督和组织、个人检举控告】各级工会依法维护劳动者的合法权益,对用人单位遵守劳动法律、法规的情况进行监督。

任何组织和个人对于违反劳动法律、法规的行为有权检举和控告。

第十二章 法 律 责 任

第八十九条 【对劳动规章违法的处罚】用人单位制定的劳动规章制度违反法律、法规规定的,由劳动行政部门给予警告,责令改正;对劳动者造成损害的,应当承担赔偿责任。

第九十条 【违法延长工时处罚】用人单位违反本法规定,延长劳动者工作时间的,由劳动行政部门给予警告,责令改正,并可以处以罚款。

第九十一条 【用人单位侵权处理】用人单位有下列侵害劳动者合法权益情形之一的,由劳动行政部门责令支付劳动者的工资报酬、经济补偿,并可以责令支付赔偿金:

(一)克扣或者无故拖欠劳动者工资的;

(二)拒不支付劳动者延长工作时间工资报酬的;

(三)低于当地最低工资标准支付劳动者工资的;

(四)解除劳动合同后,未依照本法规定给予劳动者经济补偿的。

第九十二条 【用人单位违反劳保规定的处罚】用人单位的劳动安全设施和劳动卫生条件不符合国家规定或者未向劳动者提供必要的劳动防护用品和劳动保护设施的,由劳动行政部门或者有关部门责令改正,可以处以罚款;情节严重的,提请县级以上人民政府决定责令停产整顿;对事故隐患不采取措施,致使发生重大事故,造成劳动者生命和财产损失的,对责任人员依照刑法有关规定追究刑事责任。

第九十三条 【违章作业造成事故处罚】用人单位强令劳动者违章冒险作业,发生重大伤亡事故,造成严重后果的,对责任人员依法追究刑事责任。

第九十四条 【非法招用未成年工处罚】用人单位非法招用未满十六周岁的未成年人的,由劳动行政部门责令改正,处以罚款;情节严重的,由市场监督管理部门吊销营业执照。

第九十五条 【侵害女工和未成年工合法权益的处罚】用人单位违反本法对女职工和未成年工的保护规定,侵害其合法权益的,由劳动行政部门责令改正,处以罚款;对女职工或者未成年工造成损害的,应当承担赔偿责任。

第九十六条 【人身侵权处罚】用人单位有下列行为之一,由公安机关对责任人员处以十五日以下拘留、罚款或者警告;构成犯罪的,对责任人员依法追究刑事责任:

(一)以暴力、威胁或者非法限制人身自由的手段强迫劳动的;

(二)侮辱、体罚、殴打、非法搜查和拘禁劳动者的。

第九十七条 【无效合同损害赔偿责任】由于用人单位的原因订立的无效合同,对劳动者造成损害的,应当承担赔偿责任。

第九十八条 【违法解除和拖延订立合同损害赔偿】用人单位违反本法规定的条件解除劳动合同或者故意拖延不订立劳动合同的,由劳动行政部门责令改正;对劳动者造成损害的,应当承担赔偿责任。

第九十九条 【招用未解除合同者损害赔偿】用人单位招用尚未解除劳动合同的劳动者,对原用人单位造成经济损失的,该用人单位应当依法承担连带赔偿责任。

第一百条 【不缴纳保险费处理】用人单位无故不缴纳社会保险费的,由劳动行政部门责令其限期缴纳;逾期不缴的,可以加收滞纳金。

第一百零一条 【妨碍检查公务处罚】用人单位无理阻挠劳动行政部门、有关部门及其工作人员行使监督检查权,打击报复举报人员的,由劳动行政部门或者有关部门处以罚款;构成犯罪的,对责任人员依法追究刑事责任。

第一百零二条 【违法解除合同和违反保密事项损害赔偿】劳动者违反本法规定的条件解除劳动合同或者违反劳动合同中约定的保密事项,对用人单位造成经济损失的,应当依法承担赔偿责任。

第一百零三条 【渎职的法律责任】劳动行政部门或者有关部门的工作人员滥用职权、玩忽职守、徇私舞弊,构成犯罪的,依法追究刑事责任;不构成犯罪的,给予行政处分。

第一百零四条 【挪用社保基金处罚】国家工作人员和社会保险基金经办机构的工作人员挪用社会保险基金,构成犯罪的,依法追究刑事责任。

第一百零五条 【处罚竞合处理】违反本法规定侵害劳动者合法权益,其他法律、行政法规已规定处罚的,依照该法律、行政法规的规定处罚。

第十三章 附 则

第一百零六条 【实施步骤制定】省、自治区、直辖市人民政府根据本法和本地区的实际情况,规定劳动合同制度的实施步骤,报国务院备案。

第一百零七条 【施行日期】本法自1995年1月1日起施行。

中华人民共和国劳动合同法

(2007年6月29日第十届全国人民代表大会常务委员会第二十八次会议通过 根据2012年12月28日第十一届全国人民代表大会常务委员会第三十次会议《关于修改〈中华人民共和国劳动合同法〉的决定》修正)

目 录

第一章 总 则
第二章 劳动合同的订立
第三章 劳动合同的履行和变更
第四章 劳动合同的解除和终止
第五章 特别规定
　第一节 集体合同
　第二节 劳务派遣
　第三节 非全日制用工
第六章 监督检查
第七章 法律责任
第八章 附 则

第一章 总 则

第一条 【立法宗旨】为了完善劳动合同制度,明确劳动合同双方当事人的权利和义务,保护劳动者的合法权益,构建和发展和谐稳定的劳动关系,制定本法。

第二条 【适用范围】中华人民共和国境内的企业、个体经济组织、民办非企业单位等组织(以下称用人单位)与劳动者建立劳动关系,订立、履行、变更、解除或者终止劳动合同,适用本法。

国家机关、事业单位、社会团体和与其建立劳动关系的劳动者,订立、履行、变更、解除或者终止劳动合同,依照本法执行。

第三条 【基本原则】订立劳动合同,应当遵循合法、公平、平等自愿、协商一致、诚实信用的原则。

依法订立的劳动合同具有约束力,用人单位与劳动者应当履行劳动合同约定的义务。

第四条 【规章制度保障】用人单位应当依法建立和完善劳动规章制度,保障劳动者享有劳动权利、履行劳动义务。

用人单位在制定、修改或者决定有关劳动报酬、工作时间、休息休假、劳动安全卫生、保险福利、职工培训、劳动纪律以及劳动定额管理等直接涉及劳动者切身利益的规章制度或者重大事项时,应当经职工代表大会或者全体职工讨论,提出方案和意见,与工会或者职工代表平等协商确定。

在规章制度和重大事项决定实施过程中,工会或者职工认为不适当的,有权向用人单位提出,通过协商予以修改完善。

用人单位应当将直接涉及劳动者切身利益的规章制度和重大事项决定公示,或者告知劳动者。

第五条 【协调劳动关系三方机制】县级以上人民政府劳动行政部门会同工会和企业方面代表,建立健全协调劳动关系三方机制,共同研究解决有关劳动关系的重大问题。

第六条 【集体协商机制】工会应当帮助、指导劳动者与用人单位依法订立和履行劳动合同,并与用人单位建立集体协商机制,维护劳动者的合法权益。

第二章 劳动合同的订立

第七条 【劳动关系的建立】用人单位自用工之日起即与劳动者建立劳动关系。用人单位应当建立职工名册备查。

第八条 【用人单位的告知义务和劳动者的说明义务】用人单位招用劳动者时,应当如实告知劳动者工作内容、工作条件、工作地点、职业危害、安全生产状况、劳动报酬,以及劳动者要求了解的其他情况;用人单位有权了解劳动者与劳动合同直接相关的基本情况,劳动者应当如实说明。

第九条 【用人单位不得扣押劳动者证件和要求提供担保】用人单位招用劳动者,不得扣押劳动者的居民身份证和其他证件,不得要求劳动者提供担保或者以其他名义向劳动者收取财物。

第十条 【订立书面劳动合同】建立劳动关系,应当订立书面劳动合同。

已建立劳动关系,未同时订立书面劳动合同的,应当自用工之日起一个月内订立书面劳动合同。

用人单位与劳动者在用工前订立劳动合同的,劳动关系自用工之日起建立。

第十一条 【未订立书面劳动合同时劳动报酬不明确的解决】用人单位未在用工的同时订立书面劳动合同,与劳动者约定的劳动报酬不明确的,新招用的劳动者的劳动报酬按照集体合同规定的标准执行;没有集体合同或者集体合同未规定的,实行同工同酬。

第十二条 【劳动合同的种类】劳动合同分为固定期限劳动合同、无固定期限劳动合同和以完成一定工作任务为期限的劳动合同。

第十三条 【固定期限劳动合同】固定期限劳动合同,是指用人单位与劳动者约定合同终止时间的劳动合同。

用人单位与劳动者协商一致,可以订立固定期限劳动合同。

第十四条 【无固定期限劳动合同】无固定期限劳动合同,是指用人单位与劳动者约定无确定终止时间的劳动合同。

用人单位与劳动者协商一致,可以订立无固定期限劳动合同。有下列情形之一,劳动者提出或者同意续订、订立劳动合同的,除劳动者提出订立固定期限劳动合同外,应当订立无固定期限劳动合同:

(一)劳动者在该用人单位连续工作满十年的;

(二)用人单位初次实行劳动合同制度或者国有企业改制重新订立劳动合同时,劳动者在该用人单位连续工作满十年且距法定退休年龄不足十年的;

(三)连续订立二次固定期限劳动合同,且劳动者没有本法第三十九条和第四十条第一项、第二项规定的情形,续订劳动合同的。

用人单位自用工之日起满一年不与劳动者订立书面劳动合同的,视为用人单位与劳动者已订立无固定期限劳动合同。

[“连续工作满十年”如何计算]

根据《中华人民共和国劳动合同法实施条例》第九条的规定,连续工作满十年的起始时间,应当自用人单位用工之日起计算,包括《中华人民共和国劳动合同法》施行前的工作年限。

[用人单位应当与劳动者签订无固定期限劳动合同而未签订的,劳动者双方权利义务关系应如何确定]

根据《最高人民法院关于审理劳动争议案件适用法律问题的解释(一)》第

三十四条第二款的规定,用人单位应当与劳动者签订无固定期限劳动合同而未签订的,人民法院可以视为双方之间存在无固定期限劳动合同关系,并以原劳动合同确定双方的权利义务关系。

第十五条 【以完成一定工作任务为期限的劳动合同】以完成一定工作任务为期限的劳动合同,是指用人单位与劳动者约定以某项工作的完成为合同期限的劳动合同。

用人单位与劳动者协商一致,可以订立以完成一定工作任务为期限的劳动合同。

第十六条 【劳动合同的生效】劳动合同由用人单位与劳动者协商一致,并经用人单位与劳动者在劳动合同文本上签字或者盖章生效。

劳动合同文本由用人单位和劳动者各执一份。

第十七条 【劳动合同的内容】劳动合同应当具备以下条款:
(一)用人单位的名称、住所和法定代表人或者主要负责人;
(二)劳动者的姓名、住址和居民身份证或者其他有效身份证件号码;
(三)劳动合同期限;
(四)工作内容和工作地点;
(五)工作时间和休息休假;
(六)劳动报酬;
(七)社会保险;
(八)劳动保护、劳动条件和职业危害防护;
(九)法律、法规规定应当纳入劳动合同的其他事项。

劳动合同除前款规定的必备条款外,用人单位与劳动者可以约定试用期、培训、保守秘密、补充保险和福利待遇等其他事项。

第十八条 【劳动合同对劳动报酬和劳动条件约定不明确的解决】劳动合同对劳动报酬和劳动条件等标准约定不明确,引发争议的,用人单位与劳动者可以重新协商;协商不成的,适用集体合同规定;没有集体合同或者集体合同未规定劳动报酬的,实行同工同酬;没有集体合同或者集体合同未规定劳动条件等标准的,适用国家有关规定。

第十九条 【试用期】劳动合同期限三个月以上不满一年的,试用期不得超过一个月;劳动合同期限一年以上不满三年的,试用期不得超过二个月;三年以上固定期限和无固定期限的劳动合同,试用期不得超过六个月。

同一用人单位与同一劳动者只能约定一次试用期。

以完成一定工作任务为期限的劳动合同或者劳动合同期限不满三个月的,

不得约定试用期。

试用期包含在劳动合同期限内。劳动合同仅约定试用期的,试用期不成立,该期限为劳动合同期限。

第二十条 【试用期工资】劳动者在试用期的工资不得低于本单位相同岗位最低档工资或者劳动合同约定工资的百分之八十,并不得低于用人单位所在地的最低工资标准。

第二十一条 【试用期内解除劳动合同】在试用期中,除劳动者有本法第三十九条和第四十条第一项、第二项规定的情形外,用人单位不得解除劳动合同。用人单位在试用期解除劳动合同的,应当向劳动者说明理由。

第二十二条 【服务期】用人单位为劳动者提供专项培训费用,对其进行专业技术培训的,可以与该劳动者订立协议,约定服务期。

劳动者违反服务期约定的,应当按照约定向用人单位支付违约金。违约金的数额不得超过用人单位提供的培训费用。用人单位要求劳动者支付的违约金不得超过服务期尚未履行部分所应分摊的培训费用。

用人单位与劳动者约定服务期的,不影响按照正常的工资调整机制提高劳动者在服务期期间的劳动报酬。

第二十三条 【保密义务和竞业限制】用人单位与劳动者可以在劳动合同中约定保守用人单位的商业秘密和与知识产权相关的保密事项。

对负有保密义务的劳动者,用人单位可以在劳动合同或者保密协议中与劳动者约定竞业限制条款,并约定在解除或者终止劳动合同后,在竞业限制期限内按月给予劳动者经济补偿。劳动者违反竞业限制约定的,应当按照约定向用人单位支付违约金。

第二十四条 【竞业限制的范围和期限】竞业限制的人员限于用人单位的高级管理人员、高级技术人员和其他负有保密义务的人员。竞业限制的范围、地域、期限由用人单位与劳动者约定,竞业限制的约定不得违反法律、法规的规定。

在解除或者终止劳动合同后,前款规定的人员到与本单位生产或者经营同类产品、从事同类业务的有竞争关系的其他用人单位,或者自己开业生产或者经营同类产品、从事同类业务的竞业限制期限,不得超过二年。

[未约定经济补偿金的,劳动者离职后竞业限制条款的效力如何认定]

根据《最高人民法院关于审理劳动争议案件适用法律问题的解释(一)》第三十六条第一款的规定,当事人在劳动合同或者保密协议中约定了竞业限制,但未约定解除或者终止劳动合同后给予劳动者经济补偿,劳动者履行了竞业限制义务,要求用人单位按照劳动者在劳动合同解除或者终止前十二个月平均工资的30%按月支付经济补偿的,人民法院应予支持。

第二十五条 【违约金】除本法第二十二条和第二十三条规定的情形外,用人单位不得与劳动者约定由劳动者承担违约金。

第二十六条 【劳动合同的无效】下列劳动合同无效或者部分无效：

（一）以欺诈、胁迫的手段或者乘人之危,使对方在违背真实意思的情况下订立或者变更劳动合同的；

（二）用人单位免除自己的法定责任、排除劳动者权利的；

（三）违反法律、行政法规强制性规定的。

对劳动合同的无效或者部分无效有争议的,由劳动争议仲裁机构或者人民法院确认。

第二十七条 【劳动合同部分无效】劳动合同部分无效,不影响其他部分效力的,其他部分仍然有效。

第二十八条 【劳动合同无效后劳动报酬的支付】劳动合同被确认无效,劳动者已付出劳动的,用人单位应当向劳动者支付劳动报酬。劳动报酬的数额,参照本单位相同或者相近岗位劳动者的劳动报酬确定。

第三章 劳动合同的履行和变更

第二十九条 【劳动合同的履行】用人单位与劳动者应当按照劳动合同的约定,全面履行各自的义务。

第三十条 【劳动报酬】用人单位应当按照劳动合同约定和国家规定,向劳动者及时足额支付劳动报酬。

用人单位拖欠或者未足额支付劳动报酬的,劳动者可以依法向当地人民法院申请支付令,人民法院应当依法发出支付令。

第三十一条 【加班】用人单位应当严格执行劳动定额标准,不得强迫或者变相强迫劳动者加班。用人单位安排加班的,应当按照国家有关规定向劳动者支付加班费。

[劳动者主张加班费,谁承担举证责任]

根据《最高人民法院关于审理劳动争议案件适用法律问题的解释（一）》第四十二条的规定,劳动者主张加班费的,应当就加班事实的存在承担举证责任。但劳动者有证据证明用人单位掌握加班事实存在的证据,用人单位不提供的,由用人单位承担不利后果。

第三十二条 【劳动者拒绝违章指挥、强令冒险作业】劳动者拒绝用人单位管理人员违章指挥、强令冒险作业的,不视为违反劳动合同。

劳动者对危害生命安全和身体健康的劳动条件,有权对用人单位提出批评、检举和控告。

第三十三条 【用人单位名称、法定代表人等的变更】用人单位变更名称、法定代表人、主要负责人或者投资人等事项,不影响劳动合同的履行。

第三十四条 【用人单位合并或者分立】用人单位发生合并或者分立等情况,原劳动合同继续有效,劳动合同由承继其权利和义务的用人单位继续履行。

[用人单位发生合并或分立的,如何确定劳动争议的当事人]

《最高人民法院关于审理劳动争议案件适用法律问题的解释(一)》第二十六条规定,用人单位与其他单位合并的,合并前发生的劳动争议,由合并后的单位为当事人;用人单位分立为若干单位的,其分立前发生的劳动争议,由分立后的实际用人单位为当事人。用人单位分立为若干单位后,具体承受劳动权利义务的单位不明确的,分立后的单位均为当事人。

[用人单位发生合并或分立的,劳动者的工作年限如何计算]

《中华人民共和国劳动合同法实施条例》第十条规定,劳动者非因本人原因从原用人单位被安排到新用人单位工作的,劳动者在原用人单位的工作年限合并计算为新用人单位的工作年限。原用人单位已经向劳动者支付经济补偿的,新用人单位在依法解除、终止劳动合同计算支付经济补偿的工作年限时,不再计算劳动者在原用人单位的工作年限。根据《最高人民法院关于审理劳动争议案件适用法律问题的解释(一)》第四十六条的规定,因用人单位合并、分立等原因导致劳动者工作调动,如果原用人单位未支付经济补偿,劳动者依据《中华人民共和国劳动合同法》第三十八条规定与新用人单位解除劳动合同,或者新用人单位向劳动者提出解除、终止劳动合同,在计算支付经济补偿或赔偿金的工作年限时,劳动者请求把在原用人单位的工作年限合并计算为新用人单位工作年限的,人民法院应予支持。

第三十五条 【劳动合同的变更】用人单位与劳动者协商一致,可以变更劳动合同约定的内容。变更劳动合同,应当采用书面形式。

变更后的劳动合同文本由用人单位和劳动者各执一份。

第四章 劳动合同的解除和终止

第三十六条 【协商解除劳动合同】用人单位与劳动者协商一致,可以解除劳动合同。

第三十七条 【劳动者提前通知解除劳动合同】劳动者提前三十日以书面

形式通知用人单位,可以解除劳动合同。劳动者在试用期内提前三日通知用人单位,可以解除劳动合同。

第三十八条 【劳动者单方解除劳动合同】用人单位有下列情形之一的,劳动者可以解除劳动合同:

(一)未按照劳动合同约定提供劳动保护或者劳动条件的;

(二)未及时足额支付劳动报酬的;

(三)未依法为劳动者缴纳社会保险费的;

(四)用人单位的规章制度违反法律、法规的规定,损害劳动者权益的;

(五)因本法第二十六条第一款规定的情形致使劳动合同无效的;

(六)法律、行政法规规定劳动者可以解除劳动合同的其他情形。

用人单位以暴力、威胁或者非法限制人身自由的手段强迫劳动者劳动的,或者用人单位违章指挥、强令冒险作业危及劳动者人身安全的,劳动者可以立即解除劳动合同,不需事先告知用人单位。

[用人单位迫使劳动者提出解除合同的,如何处理]

根据《最高人民法院关于审理劳动争议案件适用法律问题的解释(一)》第四十五条的规定,用人单位有下列情形之一,迫使劳动者提出解除劳动合同的,用人单位应当支付劳动者的劳动报酬和经济补偿,并可支付赔偿金:(1)以暴力、威胁或者非法限制人身自由的手段强迫劳动的;(2)未按照劳动合同约定支付劳动报酬或者提供劳动条件的;(3)克扣或者无故拖欠劳动者工资的;(4)拒不支付劳动者延长工作时间工资报酬的;(5)低于当地最低工资标准支付劳动者工资的。

第三十九条 【用人单位单方解除劳动合同】劳动者有下列情形之一的,用人单位可以解除劳动合同:

(一)在试用期间被证明不符合录用条件的;

(二)严重违反用人单位的规章制度的;

(三)严重失职,营私舞弊,给用人单位造成重大损害的;

(四)劳动者同时与其他用人单位建立劳动关系,对完成本单位的工作任务造成严重影响,或者经用人单位提出,拒不改正的;

(五)因本法第二十六条第一款第一项规定的情形致使劳动合同无效的;

(六)被依法追究刑事责任的。

第四十条 【无过失性辞退】有下列情形之一的,用人单位提前三十日以书面形式通知劳动者本人或者额外支付劳动者一个月工资后,可以解除劳动合同:

（一）劳动者患病或者非因工负伤，在规定的医疗期满后不能从事原工作，也不能从事由用人单位另行安排的工作的；

（二）劳动者不能胜任工作，经过培训或者调整工作岗位，仍不能胜任工作的；

（三）劳动合同订立时所依据的客观情况发生重大变化，致使劳动合同无法履行，经用人单位与劳动者协商，未能就变更劳动合同内容达成协议的。

第四十一条 【经济性裁员】有下列情形之一，需要裁减人员二十人以上或者裁减不足二十人但占企业职工总数百分之十以上的，用人单位提前三十日向工会或者全体职工说明情况，听取工会或者职工的意见后，裁减人员方案经向劳动行政部门报告，可以裁减人员：

（一）依照企业破产法规定进行重整的；

（二）生产经营发生严重困难的；

（三）企业转产、重大技术革新或者经营方式调整，经变更劳动合同后，仍需裁减人员的；

（四）其他因劳动合同订立时所依据的客观经济情况发生重大变化，致使劳动合同无法履行的。

裁减人员时，应当优先留用下列人员：

（一）与本单位订立较长期限的固定期限劳动合同的；

（二）与本单位订立无固定期限劳动合同的；

（三）家庭无其他就业人员，有需要扶养的老人或者未成年人的。

用人单位依照本条第一款规定裁减人员，在六个月内重新招用人员的，应当通知被裁减的人员，并在同等条件下优先招用被裁减的人员。

第四十二条 【用人单位不得解除劳动合同的情形】劳动者有下列情形之一的，用人单位不得依照本法第四十条、第四十一条的规定解除劳动合同：

（一）从事接触职业病危害作业的劳动者未进行离岗前职业健康检查，或者疑似职业病病人在诊断或者医学观察期间的；

（二）在本单位患职业病或者因工负伤并被确认丧失或者部分丧失劳动能力的；

（三）患病或者非因工负伤，在规定的医疗期内的；

（四）女职工在孕期、产期、哺乳期的；

（五）在本单位连续工作满十五年，且距法定退休年龄不足五年的；

（六）法律、行政法规规定的其他情形。

第四十三条 【工会在劳动合同解除中的监督作用】用人单位单方解除劳

动合同,应当事先将理由通知工会。用人单位违反法律、行政法规规定或者劳动合同约定的,工会有权要求用人单位纠正。用人单位应当研究工会的意见,并将处理结果书面通知工会。

第四十四条 【劳动合同的终止】有下列情形之一的,劳动合同终止:
(一)劳动合同期满的;
(二)劳动者开始依法享受基本养老保险待遇的;
(三)劳动者死亡,或者被人民法院宣告死亡或者宣告失踪的;
(四)用人单位被依法宣告破产的;
(五)用人单位被吊销营业执照、责令关闭、撤销或者用人单位决定提前解散的;
(六)法律、行政法规规定的其他情形。

第四十五条 【劳动合同的逾期终止】劳动合同期满,有本法第四十二条规定情形之一的,劳动合同应当续延至相应的情形消失时终止。但是,本法第四十二条第二项规定丧失或者部分丧失劳动能力劳动者的劳动合同的终止,按照国家有关工伤保险的规定执行。

第四十六条 【经济补偿的情形】有下列情形之一的,用人单位应当向劳动者支付经济补偿:
(一)劳动者依照本法第三十八条规定解除劳动合同的;
(二)用人单位依照本法第三十六条规定向劳动者提出解除劳动合同并与劳动者协商一致解除劳动合同的;
(三)用人单位依照本法第四十条规定解除劳动合同的;
(四)用人单位依照本法第四十一条第一款规定解除劳动合同的;
(五)除用人单位维持或者提高劳动合同约定条件续订劳动合同,劳动者不同意续订的情形外,依照本法第四十四条第一项规定终止固定期限劳动合同的;
(六)依照本法第四十四条第四项、第五项规定终止劳动合同的;
(七)法律、行政法规规定的其他情形。

第四十七条 【经济补偿的计算】经济补偿按劳动者在本单位工作的年限,每满一年支付一个月工资的标准向劳动者支付。六个月以上不满一年的,按一年计算;不满六个月的,向劳动者支付半个月工资的经济补偿。

劳动者月工资高于用人单位所在直辖市、设区的市级人民政府公布的本地区上年度职工月平均工资三倍的,向其支付经济补偿的标准按职工月平均工资三倍的数额支付,向其支付经济补偿的年限最高不超过十二年。

本条所称月工资是指劳动者在劳动合同解除或者终止前十二个月的平均工资。

第四十八条 【违法解除或者终止劳动合同的法律后果】用人单位违反本法规定解除或者终止劳动合同，劳动者要求继续履行劳动合同的，用人单位应当继续履行；劳动者不要求继续履行劳动合同或者劳动合同已经不能继续履行的，用人单位应当依照本法第八十七条规定支付赔偿金。

第四十九条 【社会保险关系跨地区转移接续】国家采取措施，建立健全劳动者社会保险关系跨地区转移接续制度。

第五十条 【劳动合同解除或者终止后双方的义务】用人单位应当在解除或者终止劳动合同时出具解除或者终止劳动合同的证明，并在十五日内为劳动者办理档案和社会保险关系转移手续。

劳动者应当按照双方约定，办理工作交接。用人单位依照本法有关规定应当向劳动者支付经济补偿的，在办结工作交接时支付。

用人单位对已经解除或者终止的劳动合同的文本，至少保存二年备查。

第五章　特别规定

第一节　集体合同

第五十一条 【集体合同的订立和内容】企业职工一方与用人单位通过平等协商，可以就劳动报酬、工作时间、休息休假、劳动安全卫生、保险福利等事项订立集体合同。集体合同草案应当提交职工代表大会或者全体职工讨论通过。

集体合同由工会代表企业职工一方与用人单位订立；尚未建立工会的用人单位，由上级工会指导劳动者推举的代表与用人单位订立。

[集体合同的订立程序]

根据《集体合同规定》的规定，集体合同的订立程序如下：(1)集体协商。基层工会或企业职工方代表与用人单位就劳动报酬、工作时间、休息休假、劳动安全卫生、保险福利等事项进行平等协商，形成集体合同草案。(2)讨论。集体合同草案应提交职工代表大会或全体职工讨论，职工代表大会或全体职工讨论集体合同草案，应有三分之二以上的职工代表或职工出席，且必须经全体职工代表半数以上或者全体职工半数以上同意，该草案方获通过。(3)签字。集体合同草案获得通过后，由集体协商双方的首席代表签字。

第五十二条 【专项集体合同】企业职工一方与用人单位可以订立劳动安全卫生、女职工权益保护、工资调整机制等专项集体合同。

第五十三条 【行业性集体合同、区域性集体合同】在县级以下区域内，建筑业、采矿业、餐饮服务业等行业可以由工会与企业方面代表订立行业性集体合同，或者订立区域性集体合同。

第五十四条　【集体合同的报送和生效】集体合同订立后，应当报送劳动行政部门；劳动行政部门自收到集体合同文本之日起十五日内未提出异议的，集体合同即行生效。

依法订立的集体合同对用人单位和劳动者具有约束力。行业性、区域性集体合同对当地本行业、本区域的用人单位和劳动者具有约束力。

第五十五条　【集体合同中劳动报酬、劳动条件等标准】集体合同中劳动报酬和劳动条件等标准不得低于当地人民政府规定的最低标准；用人单位与劳动者订立的劳动合同中劳动报酬和劳动条件等标准不得低于集体合同规定的标准。

第五十六条　【集体合同纠纷和法律救济】用人单位违反集体合同，侵犯职工劳动权益的，工会可以依法要求用人单位承担责任；因履行集体合同发生争议，经协商解决不成的，工会可以依法申请仲裁、提起诉讼。

第二节　劳务派遣

第五十七条　【劳务派遣单位的设立条件】经营劳务派遣业务应当具备下列条件：

（一）注册资本不得少于人民币二百万元；

（二）有与开展业务相适应的固定的经营场所和设施；

（三）有符合法律、行政法规规定的劳务派遣管理制度；

（四）法律、行政法规规定的其他条件。

经营劳务派遣业务，应当向劳动行政部门依法申请行政许可；经许可的，依法办理相应的公司登记。未经许可，任何单位和个人不得经营劳务派遣业务。

第五十八条　【劳务派遣单位、用工单位及劳动者的权利义务】劳务派遣单位是本法所称用人单位，应当履行用人单位对劳动者的义务。劳务派遣单位与被派遣劳动者订立的劳动合同，除应当载明本法第十七条规定的事项外，还应当载明被派遣劳动者的用工单位以及派遣期限、工作岗位等情况。

劳务派遣单位应当与被派遣劳动者订立二年以上的固定期限劳动合同，按月支付劳动报酬；被派遣劳动者在无工作期间，劳务派遣单位应当按照所在地人民政府规定的最低工资标准，向其按月支付报酬。

第五十九条　【劳务派遣协议】劳务派遣单位派遣劳动者应当与接受以劳务派遣形式用工的单位（以下称用工单位）订立劳务派遣协议。劳务派遣协议应当约定派遣岗位和人员数量、派遣期限、劳动报酬和社会保险费的数额与支付方式以及违反协议的责任。

用工单位应当根据工作岗位的实际需要与劳务派遣单位确定派遣期限,不得将连续用工期限分割订立数个短期劳务派遣协议。

第六十条　【劳务派遣单位的告知义务】劳务派遣单位应当将劳务派遣协议的内容告知被派遣劳动者。

劳务派遣单位不得克扣用工单位按照劳务派遣协议支付给被派遣劳动者的劳动报酬。

劳务派遣单位和用工单位不得向被派遣劳动者收取费用。

第六十一条　【跨地区派遣劳动者的劳动报酬、劳动条件】劳务派遣单位跨地区派遣劳动者的,被派遣劳动者享有的劳动报酬和劳动条件,按照用工单位所在地的标准执行。

第六十二条　【用工单位的义务】用工单位应当履行下列义务:

(一)执行国家劳动标准,提供相应的劳动条件和劳动保护;

(二)告知被派遣劳动者的工作要求和劳动报酬;

(三)支付加班费、绩效奖金,提供与工作岗位相关的福利待遇;

(四)对在岗被派遣劳动者进行工作岗位所必需的培训;

(五)连续用工的,实行正常的工资调整机制。

用工单位不得将被派遣劳动者再派遣到其他用人单位。

第六十三条　【被派遣劳动者同工同酬】被派遣劳动者享有与用工单位的劳动者同工同酬的权利。用工单位应当按照同工同酬原则,对被派遣劳动者与本单位同类岗位的劳动者实行相同的劳动报酬分配办法。用工单位无同类岗位劳动者的,参照用工单位所在地相同或者相近岗位劳动者的劳动报酬确定。

劳务派遣单位与被派遣劳动者订立的劳动合同和与用工单位订立的劳务派遣协议,载明或者约定的向被派遣劳动者支付的劳动报酬应当符合前款规定。

第六十四条　【被派遣劳动者参加或者组织工会】被派遣劳动者有权在劳务派遣单位或者用工单位依法参加或者组织工会,维护自身的合法权益。

第六十五条　【劳务派遣中解除劳动合同】被派遣劳动者可以依照本法第三十六条、第三十八条的规定与劳务派遣单位解除劳动合同。

被派遣劳动者有本法第三十九条和第四十条第一项、第二项规定情形的,用工单位可以将劳动者退回劳务派遣单位,劳务派遣单位依照本法有关规定,可以与劳动者解除劳动合同。

第六十六条 【劳务派遣的适用条件】劳动合同用工是我国的企业基本用工形式。劳务派遣用工是补充形式,只能在临时性、辅助性或者替代性的工作岗位上实施。

前款规定的临时性工作岗位是指存续时间不超过六个月的岗位;辅助性工作岗位是指为主营业务岗位提供服务的非主营业务岗位;替代性工作岗位是指用工单位的劳动者因脱产学习、休假等原因无法工作的一定期间内,可以由其他劳动者替代工作的岗位。

用工单位应当严格控制劳务派遣用工数量,不得超过其用工总量的一定比例,具体比例由国务院劳动行政部门规定。

第六十七条 【用人单位不得自设劳务派遣单位】用人单位不得设立劳务派遣单位向本单位或者所属单位派遣劳动者。

第三节 非全日制用工

第六十八条 【非全日制用工的概念】非全日制用工,是指以小时计酬为主,劳动者在同一用人单位一般平均每日工作时间不超过四小时,每周工作时间累计不超过二十四小时的用工形式。

第六十九条 【非全日制用工的劳动合同】非全日制用工双方当事人可以订立口头协议。

从事非全日制用工的劳动者可以与一个或者一个以上用人单位订立劳动合同;但是,后订立的劳动合同不得影响先订立的劳动合同的履行。

第七十条 【非全日制用工不得约定试用期】非全日制用工双方当事人不得约定试用期。

第七十一条 【非全日制用工的终止用工】非全日制用工双方当事人任何一方都可以随时通知对方终止用工。终止用工,用人单位不向劳动者支付经济补偿。

第七十二条 【非全日制用工的劳动报酬】非全日制用工小时计酬标准不得低于用人单位所在地人民政府规定的最低小时工资标准。

非全日制用工劳动报酬结算支付周期最长不得超过十五日。

第六章 监督检查

第七十三条 【劳动合同制度的监督管理体制】国务院劳动行政部门负责全国劳动合同制度实施的监督管理。

县级以上地方人民政府劳动行政部门负责本行政区域内劳动合同制度实

施的监督管理。

县级以上各级人民政府劳动行政部门在劳动合同制度实施的监督管理工作中,应当听取工会、企业方面代表以及有关行业主管部门的意见。

第七十四条　【劳动行政部门监督检查事项】县级以上地方人民政府劳动行政部门依法对下列实施劳动合同制度的情况进行监督检查：

（一）用人单位制定直接涉及劳动者切身利益的规章制度及其执行的情况；

（二）用人单位与劳动者订立和解除劳动合同的情况；

（三）劳务派遣单位和用工单位遵守劳务派遣有关规定的情况；

（四）用人单位遵守国家关于劳动者工作时间和休息休假规定的情况；

（五）用人单位支付劳动合同约定的劳动报酬和执行最低工资标准的情况；

（六）用人单位参加各项社会保险和缴纳社会保险费的情况；

（七）法律、法规规定的其他劳动监察事项。

第七十五条　【监督检查措施和依法行政、文明执法】县级以上地方人民政府劳动行政部门实施监督检查时,有权查阅与劳动合同、集体合同有关的材料,有权对劳动场所进行实地检查,用人单位和劳动者都应当如实提供有关情况和材料。

劳动行政部门的工作人员进行监督检查,应当出示证件,依法行使职权,文明执法。

第七十六条　【其他有关主管部门的监督管理】县级以上人民政府建设、卫生、安全生产监督管理等有关主管部门在各自职责范围内,对用人单位执行劳动合同制度的情况进行监督管理。

第七十七条　【劳动者权利救济途径】劳动者合法权益受到侵害的,有权要求有关部门依法处理,或者依法申请仲裁、提起诉讼。

第七十八条　【工会监督检查的权利】工会依法维护劳动者的合法权益,对用人单位履行劳动合同、集体合同的情况进行监督。用人单位违反劳动法律、法规和劳动合同、集体合同的,工会有权提出意见或者要求纠正;劳动者申请仲裁、提起诉讼的,工会依法给予支持和帮助。

第七十九条　【对违法行为的举报】任何组织或者个人对违反本法的行为都有权举报,县级以上人民政府劳动行政部门应当及时核实、处理,并对举报有功人员给予奖励。

第七章　法　律　责　任

第八十条　【规章制度违法的法律责任】用人单位直接涉及劳动者切身利

益的规章制度违反法律、法规规定的,由劳动行政部门责令改正,给予警告;给劳动者造成损害的,应当承担赔偿责任。

第八十一条 【缺乏必备条款、不提供劳动合同文本的法律责任】用人单位提供的劳动合同文本未载明本法规定的劳动合同必备条款或者用人单位未将劳动合同文本交付劳动者的,由劳动行政部门责令改正;给劳动者造成损害的,应当承担赔偿责任。

第八十二条 【不订立书面劳动合同的法律责任】用人单位自用工之日起超过一个月不满一年未与劳动者订立书面劳动合同的,应当向劳动者每月支付二倍的工资。

用人单位违反本法规定不与劳动者订立无固定期限劳动合同的,自应当订立无固定期限劳动合同之日起向劳动者每月支付二倍的工资。

第八十三条 【违法约定试用期的法律责任】用人单位违反本法规定与劳动者约定试用期的,由劳动行政部门责令改正;违法约定的试用期已经履行的,由用人单位以劳动者试用期满月工资为标准,按已经履行的超过法定试用期的期间向劳动者支付赔偿金。

第八十四条 【扣押劳动者身份等证件的法律责任】用人单位违反本法规定,扣押劳动者居民身份证等证件的,由劳动行政部门责令限期退还劳动者本人,并依照有关法律规定给予处罚。

用人单位违反本法规定,以担保或者其他名义向劳动者收取财物的,由劳动行政部门责令限期退还劳动者本人,并以每人五百元以上二千元以下的标准处以罚款;给劳动者造成损害的,应当承担赔偿责任。

劳动者依法解除或者终止劳动合同,用人单位扣押劳动者档案或者其他物品的,依照前款规定处罚。

第八十五条 【未依法支付劳动报酬、经济补偿等的法律责任】用人单位有下列情形之一的,由劳动行政部门责令限期支付劳动报酬、加班费或者经济补偿;劳动报酬低于当地最低工资标准的,应当支付其差额部分;逾期不支付的,责令用人单位按应付金额百分之五十以上百分之一百以下的标准向劳动者加付赔偿金:

(一)未按照劳动合同的约定或者国家规定及时足额支付劳动者劳动报酬的;

(二)低于当地最低工资标准支付劳动者工资的;

(三)安排加班不支付加班费的;

(四)解除或者终止劳动合同,未依照本法规定向劳动者支付经济补偿的。

第八十六条 【订立无效劳动合同的法律责任】劳动合同依照本法第二十六条规定被确认无效,给对方造成损害的,有过错的一方应当承担赔偿责任。

第八十七条 【违反解除或者终止劳动合同的法律责任】用人单位违反本法规定解除或者终止劳动合同的,应当依照本法第四十七条规定的经济补偿标准的二倍向劳动者支付赔偿金。

第八十八条 【侵害劳动者人身权益的法律责任】用人单位有下列情形之一的,依法给予行政处罚;构成犯罪的,依法追究刑事责任;给劳动者造成损害的,应当承担赔偿责任:

(一)以暴力、威胁或者非法限制人身自由的手段强迫劳动的;
(二)违章指挥或者强令冒险作业危及劳动者人身安全的;
(三)侮辱、体罚、殴打、非法搜查或者拘禁劳动者的;
(四)劳动条件恶劣、环境污染严重,给劳动者身心健康造成严重损害的。

第八十九条 【不出具解除、终止书面证明的法律责任】用人单位违反本法规定未向劳动者出具解除或者终止劳动合同的书面证明,由劳动行政部门责令改正;给劳动者造成损害的,应当承担赔偿责任。

第九十条 【劳动者的赔偿责任】劳动者违反本法规定解除劳动合同,或者违反劳动合同中约定的保密义务或者竞业限制,给用人单位造成损失的,应当承担赔偿责任。

第九十一条 【用人单位的连带赔偿责任】用人单位招用与其他用人单位尚未解除或者终止劳动合同的劳动者,给其他用人单位造成损失的,应当承担连带赔偿责任。

第九十二条 【劳务派遣单位、用工单位的法律责任】违反本法规定,未经许可,擅自经营劳务派遣业务的,由劳动行政部门责令停止违法行为,没收违法所得,并处违法所得一倍以上五倍以下的罚款;没有违法所得的,可以处五万元以下的罚款。

劳务派遣单位、用工单位违反本法有关劳务派遣规定的,由劳动行政部门责令限期改正;逾期不改正的,以每人五千元以上一万元以下的标准处以罚款,对劳务派遣单位,吊销其劳务派遣业务经营许可证。用工单位给被派遣劳动者造成损害的,劳务派遣单位与用工单位承担连带赔偿责任。

第九十三条 【无营业执照经营单位的法律责任】对不具备合法经营资格的用人单位的违法犯罪行为,依法追究法律责任;劳动者已经付出劳动的,该单位或者其出资人应当依照本法有关规定向劳动者支付劳动报酬、经济补偿、赔偿金;给劳动者造成损害的,应当承担赔偿责任。

第九十四条 【个人承包经营者的连带赔偿责任】个人承包经营违反本法规定招用劳动者,给劳动者造成损害的,发包的组织与个人承包经营者承担连带赔偿责任。

第九十五条 【不履行法定职责、违法行使职权的法律责任】劳动行政部门和其他有关主管部门及其工作人员玩忽职守、不履行法定职责,或者违法行使职权,给劳动者或者用人单位造成损害的,应当承担赔偿责任;对直接负责的主管人员和其他直接责任人员,依法给予行政处分;构成犯罪的,依法追究刑事责任。

第八章 附 则

第九十六条 【事业单位聘用制劳动合同的法律适用】事业单位与实行聘用制的工作人员订立、履行、变更、解除或者终止劳动合同,法律、行政法规或者国务院另有规定的,依照其规定;未作规定的,依照本法有关规定执行。

第九十七条 【过渡性条款】本法施行前已依法订立且在本法施行之日存续的劳动合同,继续履行;本法第十四条第二款第三项规定连续订立固定期限劳动合同的次数,自本法施行后续订固定期限劳动合同时开始计算。

本法施行前已建立劳动关系,尚未订立书面劳动合同的,应当自本法施行之日起一个月内订立。

本法施行之日存续的劳动合同在本法施行后解除或者终止,依照本法第四十六条规定应当支付经济补偿的,经济补偿年限自本法施行之日起计算;本法施行前按照当时有关规定,用人单位应当向劳动者支付经济补偿的,按照当时有关规定执行。

第九十八条 【施行日期】本法自 2008 年 1 月 1 日起施行。

劳动人事争议仲裁办案规则

(2017 年 5 月 8 日人力资源和社会保障部令第 33 号公布
自 2017 年 7 月 1 日起施行)

第一章 总 则

第一条 为公正及时处理劳动人事争议(以下简称争议),规范仲裁办案程序,根据《中华人民共和国劳动争议调解仲裁法》(以下简称调解仲裁法)以及

《中华人民共和国公务员法》(以下简称公务员法)、《事业单位人事管理条例》、《中国人民解放军文职人员条例》和有关法律、法规、国务院有关规定,制定本规则。

第二条 本规则适用下列争议的仲裁:

(一)企业、个体经济组织、民办非企业单位等组织与劳动者之间,以及机关、事业单位、社会团体与其建立劳动关系的劳动者之间,因确认劳动关系,订立、履行、变更、解除和终止劳动合同,工作时间、休息休假、社会保险、福利、培训以及劳动保护,劳动报酬、工伤医疗费、经济补偿或者赔偿金等发生的争议;

(二)实施公务员法的机关与聘任制公务员之间、参照公务员法管理的机关(单位)与聘任工作人员之间因履行聘任合同发生的争议;

(三)事业单位与其建立人事关系的工作人员之间因终止人事关系以及履行聘用合同发生的争议;

(四)社会团体与其建立人事关系的工作人员之间因终止人事关系以及履行聘用合同发生的争议;

(五)军队文职人员用人单位与聘用制文职人员之间因履行聘用合同发生的争议;

(六)法律、法规规定由劳动人事争议仲裁委员会(以下简称仲裁委员会)处理的其他争议。

第三条 仲裁委员会处理争议案件,应当遵循合法、公正的原则,先行调解,及时裁决。

第四条 仲裁委员会下设实体化的办事机构,称为劳动人事争议仲裁院(以下简称仲裁院)。

第五条 劳动者一方在十人以上并有共同请求的争议,或者因履行集体合同发生的劳动争议,仲裁委员会应当优先立案,优先审理。

第二章 一般规定

第六条 发生争议的用人单位未办理营业执照、被吊销营业执照、营业执照到期继续经营、被责令关闭、被撤销以及用人单位解散、歇业,不能承担相关责任的,应当将用人单位和其出资人、开办单位或者主管部门作为共同当事人。

第七条 劳动者与个人承包经营者发生争议,依法向仲裁委员会申请仲裁的,应当将发包的组织和个人承包经营者作为共同当事人。

第八条 劳动合同履行地为劳动者实际工作场所地,用人单位所在地为用人单位注册、登记地或者主要办事机构所在地。用人单位未经注册、登记的,其出资人、开办单位或者主管部门所在地为用人单位所在地。

双方当事人分别向劳动合同履行地和用人单位所在地的仲裁委员会申请仲裁的,由劳动合同履行地的仲裁委员会管辖。有多个劳动合同履行地的,由最先受理的仲裁委员会管辖。劳动合同履行地不明确的,由用人单位所在地的仲裁委员会管辖。

案件受理后,劳动合同履行地或者用人单位所在地发生变化的,不改变争议仲裁的管辖。

第九条 仲裁委员会发现已受理案件不属于其管辖范围的,应当移送至有管辖权的仲裁委员会,并书面通知当事人。

对上述移送案件,受移送的仲裁委员会应当依法受理。受移送的仲裁委员会认为移送的案件按照规定不属于其管辖,或者仲裁委员会之间因管辖争议协商不成的,应当报请共同的上一级仲裁委员会主管部门指定管辖。

第十条 当事人提出管辖异议的,应当在答辩期满前书面提出。仲裁委员会应当审查当事人提出的管辖异议,异议成立的,将案件移送至有管辖权的仲裁委员会并书面通知当事人;异议不成立的,应当书面决定驳回。

当事人逾期提出的,不影响仲裁程序的进行。

第十一条 当事人申请回避,应当在案件开庭审理前提出,并说明理由。回避事由在案件开庭审理后知晓的,也可以在庭审辩论终结前提出。

当事人在庭审辩论终结后提出回避申请的,不影响仲裁程序的进行。

仲裁委员会应当在回避申请提出的三日内,以口头或者书面形式作出决定。以口头形式作出的,应当记入笔录。

第十二条 仲裁员、记录人员是否回避,由仲裁委员会主任或者其委托的仲裁院负责人决定。仲裁委员会主任担任案件仲裁员是否回避,由仲裁委员会决定。

在回避决定作出前,被申请回避的人员应当暂停参与该案处理,但因案件需要采取紧急措施的除外。

第十三条 当事人对自己提出的主张有责任提供证据。与争议事项有关的证据属于用人单位掌握管理的,用人单位应当提供;用人单位不提供的,应当承担不利后果。

第十四条 法律没有具体规定、按照本规则第十三条规定无法确定举证责任承担的,仲裁庭可以根据公平原则和诚实信用原则,综合当事人举证能力等因素确定举证责任的承担。

第十五条 承担举证责任的当事人应当在仲裁委员会指定的期限内提供

有关证据。当事人在该期限内提供证据确有困难的,可以向仲裁委员会申请延长期限,仲裁委员会根据当事人的申请适当延长。当事人逾期提供证据的,仲裁委员会应当责令其说明理由;拒不说明理由或者理由不成立的,仲裁委员会可以根据不同情形不予采纳该证据,或者采纳该证据但予以训诫。

第十六条　当事人因客观原因不能自行收集的证据,仲裁委员会可以根据当事人的申请,参照民事诉讼有关规定予以收集;仲裁委员会认为有必要的,也可以决定参照民事诉讼有关规定予以收集。

第十七条　仲裁委员会依法调查取证时,有关单位和个人应当协助配合。

仲裁委员会调查取证时,不得少于两人,并应当向被调查对象出示工作证件和仲裁委员会出具的介绍信。

第十八条　争议处理中涉及证据形式、证据提交、证据交换、证据质证、证据认定等事项,本规则未规定的,可以参照民事诉讼证据规则的有关规定执行。

第十九条　仲裁期间包括法定期间和仲裁委员会指定期间。

仲裁期间的计算,本规则未规定的,仲裁委员会可以参照民事诉讼关于期间计算的有关规定执行。

第二十条　仲裁委员会送达仲裁文书必须有送达回证,由受送达人在送达回证上记明收到日期,并签名或者盖章。受送达人在送达回证上的签收日期为送达日期。

因企业停业等原因导致无法送达且劳动者一方在十人以上的,或者受送达人拒绝签收仲裁文书的,通过在受送达人住所留置、张贴仲裁文书,并采用拍照、录像等方式记录的,自留置、张贴之日起经过三日即视为送达,不受本条第一款的限制。

仲裁文书的送达方式,本规则未规定的,仲裁委员会可以参照民事诉讼关于送达方式的有关规定执行。

第二十一条　案件处理终结后,仲裁委员会应当将处理过程中形成的全部材料立卷归档。

第二十二条　仲裁案卷分正卷和副卷装订。

正卷包括:仲裁申请书、受理(不予受理)通知书、答辩书、当事人及其他仲裁参加人的身份证明材料、授权委托书、调查证据、勘验笔录、当事人提供的证据材料、委托鉴定材料、开庭通知、庭审笔录、延期通知书、撤回仲裁申请书、调解书、裁决书、决定书、案件移送函、送达回证等。

副卷包括:立案审批表、延期审理审批表、中止审理审批表、调查提纲、阅卷笔录、会议笔录、评议笔录、结案审批表等。

第二十三条　仲裁委员会应当建立案卷查阅制度。对案卷正卷材料,应当允许当事人及其代理人依法查阅、复制。

第二十四条　仲裁裁决结案的案卷,保存期不少于十年;仲裁调解和其他方式结案的案卷,保存期不少于五年;国家另有规定的,从其规定。

保存期满后的案卷,应当按照国家有关档案管理的规定处理。

第二十五条　在仲裁活动中涉及国家秘密或者军事秘密的,按照国家或者军队有关保密规定执行。

当事人协议不公开或者涉及商业秘密和个人隐私的,经相关当事人书面申请,仲裁委员会应当不公开审理。

第三章　仲　裁　程　序

第一节　申请和受理

第二十六条　本规则第二条第(一)、(三)、(四)、(五)项规定的争议,申请仲裁的时效期间为一年。仲裁时效期间从当事人知道或者应当知道其权利被侵害之日起计算。

本规则第二条第(二)项规定的争议,申请仲裁的时效期间适用公务员法有关规定。

劳动人事关系存续期间因拖欠劳动报酬发生争议的,劳动者申请仲裁不受本条第一款规定的仲裁时效期间的限制;但是,劳动人事关系终止的,应当自劳动人事关系终止之日起一年内提出。

第二十七条　在申请仲裁的时效期间内,有下列情形之一的,仲裁时效中断:

(一)一方当事人通过协商、申请调解等方式向对方当事人主张权利的;

(二)一方当事人通过向有关部门投诉,向仲裁委员会申请仲裁,向人民法院起诉或者申请支付令等方式请求权利救济的;

(三)对方当事人同意履行义务的。

从中断时起,仲裁时效期间重新计算。

第二十八条　因不可抗力,或者有无民事行为能力或者限制民事行为能力劳动者的法定代理人未确定等其他正当理由,当事人不能在规定的仲裁时效期间申请仲裁的,仲裁时效中止。从中止时效的原因消除之日起,仲裁时效期间继续计算。

第二十九条　申请人申请仲裁应当提交书面仲裁申请,并按照被申请人人数提交副本。

仲裁申请书应当载明下列事项:

(一)劳动者的姓名、性别、出生日期、身份证件号码、住所、通讯地址和联系电话,用人单位的名称、住所、通讯地址、联系电话和法定代表人或者主要负责人的姓名、职务;

(二)仲裁请求和所根据的事实、理由;

(三)证据和证据来源,证人姓名和住所。

书写仲裁申请确有困难的,可以口头申请,由仲裁委员会记入笔录,经申请人签名、盖章或者捺印确认。

对于仲裁申请书不规范或者材料不齐备的,仲裁委员会应当场或者在五日内一次性告知申请人需要补正的全部材料。

仲裁委员会收取当事人提交的材料应当出具收件回执。

第三十条 仲裁委员会对符合下列条件的仲裁申请应当予以受理,并在收到仲裁申请之日起五日内向申请人出具受理通知书:

(一)属于本规则第二条规定的争议范围;

(二)有明确的仲裁请求和事实理由;

(三)申请人是与本案有直接利害关系的自然人、法人或者其他组织,有明确的被申请人;

(四)属于本仲裁委员会管辖范围。

第三十一条 对不符合本规则第三十条第(一)、(二)、(三)项规定之一的仲裁申请,仲裁委员会不予受理,并在收到仲裁申请之日起五日内向申请人出具不予受理通知书;对不符合本规则第三十条第(四)项规定的仲裁申请,仲裁委员会应当在收到仲裁申请之日起五日内,向申请人作出书面说明并告知申请人向有管辖权的仲裁委员会申请仲裁。

对仲裁委员会逾期未作出决定或者决定不予受理的,申请人可以就该争议事项向人民法院提起诉讼。

第三十二条 仲裁委员会受理案件后,发现不应当受理的,除本规则第九条规定外,应当撤销案件,并自决定撤销案件后五日内,以决定书的形式通知当事人。

第三十三条 仲裁委员会受理仲裁申请后,应当在五日内将仲裁申请书副本送达被申请人。

被申请人收到仲裁申请书副本后,应当在十日内向仲裁委员会提交答辩书。仲裁委员会收到答辩书后,应当在五日内将答辩书副本送达申请人。被申请人逾期未提交答辩书的,不影响仲裁程序的进行。

第三十四条　符合下列情形之一,申请人基于同一事实、理由和仲裁请求又申请仲裁的,仲裁委员会不予受理:

(一)仲裁委员会已经依法出具不予受理通知书的;

(二)案件已在仲裁、诉讼过程中或者调解书、裁决书、判决书已经发生法律效力的。

第三十五条　仲裁处理结果作出前,申请人可以自行撤回仲裁申请。申请人再次申请仲裁的,仲裁委员会应当受理。

第三十六条　被申请人可以在答辩期间提出反申请,仲裁委员会应当自收到被申请人反申请之日起五日内决定是否受理并通知被申请人。

决定受理的,仲裁委员会可以将反申请和申请合并处理。

反申请应当另行申请仲裁的,仲裁委员会应当书面告知被申请人另行申请仲裁;反申请不属于本规则规定应当受理的,仲裁委员会应当向被申请人出具不予受理通知书。

被申请人答辩期满后对申请人提出反申请的,应当另行申请仲裁。

第二节　开庭和裁决

第三十七条　仲裁委员会应当在受理仲裁申请之日起五日内组成仲裁庭并将仲裁庭的组成情况书面通知当事人。

第三十八条　仲裁庭应当在开庭五日前,将开庭日期、地点书面通知双方当事人。当事人有正当理由的,可以在开庭三日前请求延期开庭。是否延期,由仲裁委员会根据实际情况决定。

第三十九条　申请人收到书面开庭通知,无正当理由拒不到庭或者未经仲裁庭同意中途退庭的,可以按撤回仲裁申请处理;申请人重新申请仲裁的,仲裁委员会不予受理。被申请人收到书面开庭通知,无正当理由拒不到庭或者未经仲裁庭同意中途退庭的,仲裁庭可以继续开庭审理,并缺席裁决。

第四十条　当事人申请鉴定的,鉴定费由申请鉴定方先行垫付,案件处理终结后,由鉴定结果对其不利方负担。鉴定结果不明确的,由申请鉴定方负担。

第四十一条　开庭审理前,记录人员应当查明当事人和其他仲裁参与人是否到庭,宣布仲裁庭纪律。

开庭审理时,由仲裁员宣布开庭、案由和仲裁员、记录人员名单,核对当事人,告知当事人有关的权利义务,询问当事人是否提出回避申请。

开庭审理中,仲裁员应当听取申请人的陈述和被申请人的答辩,主持庭审调查、质证和辩论,征询当事人最后意见,并进行调解。

第四十二条　仲裁庭应当将开庭情况记入笔录。当事人或者其他仲裁参与人认为对自己陈述的记录有遗漏或者差错的，有权当庭申请补正。仲裁庭认为申请无理由或者无必要的，可以不予补正，但是应当记录该申请。

仲裁员、记录人员、当事人和其他仲裁参与人应当在庭审笔录上签名或者盖章。当事人或者其他仲裁参与人拒绝在庭审笔录上签名或者盖章的，仲裁庭应当记明情况附卷。

第四十三条　仲裁参与人和其他人应当遵守仲裁庭纪律，不得有下列行为：

（一）未经准许进行录音、录像、摄影；

（二）未经准许以移动通信等方式现场传播庭审活动；

（三）其他扰乱仲裁庭秩序、妨害审理活动进行的行为。

仲裁参与人或者其他人有前款规定的情形之一的，仲裁庭可以训诫、责令退出仲裁庭，也可以暂扣进行录音、录像、摄影、传播庭审活动的器材，并责令其删除有关内容。拒不删除的，可以采取必要手段强制删除，并将上述事实记入庭审笔录。

第四十四条　申请人在举证期限届满前可以提出增加或者变更仲裁请求；仲裁庭对申请人增加或者变更的仲裁请求审查后认为应当受理的，应当通知被申请人并给予答辩期，被申请人明确表示放弃答辩期的除外。

申请人在举证期限届满后提出增加或者变更仲裁请求的，应当另行申请仲裁。

第四十五条　仲裁庭裁决案件，应当自仲裁委员会受理仲裁申请之日起四十五日内结束。案情复杂需要延期的，经仲裁委员会主任或者其委托的仲裁院负责人书面批准，可以延期并书面通知当事人，但延长期限不得超过十五日。

第四十六条　有下列情形的，仲裁期限按照下列规定计算：

（一）仲裁庭追加当事人或者第三人的，仲裁期限从决定追加之日起重新计算；

（二）申请人需要补正材料的，仲裁委员会收到仲裁申请的时间从材料补正之日起重新计算；

（三）增加、变更仲裁请求的，仲裁期限从受理增加、变更仲裁请求之日起重新计算；

（四）仲裁申请和反申请合并处理的，仲裁期限从受理反申请之日起重新计算；

（五）案件移送管辖的，仲裁期限从接受移送之日起重新计算；

（六）中止审理期间、公告送达期间不计入仲裁期限内；

（七）法律、法规规定应当另行计算的其他情形。

第四十七条 有下列情形之一的，经仲裁委员会主任或者其委托的仲裁院负责人批准，可以中止案件审理，并书面通知当事人：

（一）劳动者一方当事人死亡，需要等待继承人表明是否参加仲裁的；

（二）劳动者一方当事人丧失民事行为能力，尚未确定法定代理人参加仲裁的；

（三）用人单位终止，尚未确定权利义务承继者的；

（四）一方当事人因不可抗拒的事由，不能参加仲裁的；

（五）案件审理需要以其他案件的审理结果为依据，且其他案件尚未审结的；

（六）案件处理需要等待工伤认定、伤残等级鉴定以及其他鉴定结论的；

（七）其他应当中止仲裁审理的情形。

中止审理的情形消除后，仲裁庭应当恢复审理。

第四十八条 当事人因仲裁庭逾期未作出仲裁裁决而向人民法院提起诉讼并立案受理的，仲裁委员会应当决定该案件终止审理；当事人未就该争议事项向人民法院提起诉讼的，仲裁委员会应当继续处理。

第四十九条 仲裁庭裁决案件时，其中一部分事实已经清楚的，可以就该部分先行裁决。当事人对先行裁决不服的，可以按照调解仲裁法有关规定处理。

第五十条 仲裁庭裁决案件时，申请人根据调解仲裁法第四十七条第（一）项规定，追索劳动报酬、工伤医疗费、经济补偿或者赔偿金，如果仲裁裁决涉及数项，对单项裁决数额不超过当地月最低工资标准十二个月金额的事项，应当适用终局裁决。

前款经济补偿包括《中华人民共和国劳动合同法》（以下简称劳动合同法）规定的竞业限制期限内给予的经济补偿、解除或者终止劳动合同的经济补偿等；赔偿金包括劳动合同法规定的未签订书面劳动合同第二倍工资、违法约定试用期的赔偿金、违法解除或者终止劳动合同的赔偿金等。

根据调解仲裁法第四十七条第（二）项的规定，因执行国家的劳动标准在工作时间、休息休假、社会保险等方面发生的争议，应当适用终局裁决。

仲裁庭裁决案件时，裁决内容同时涉及终局裁决和非终局裁决的，应当分别制作裁决书，并告知当事人相应的救济权利。

第五十一条 仲裁庭对追索劳动报酬、工伤医疗费、经济补偿或者赔偿金的案件,根据当事人的申请,可以裁决先予执行,移送人民法院执行。

仲裁庭裁决先予执行的,应当符合下列条件:

(一)当事人之间权利义务关系明确;

(二)不先予执行将严重影响申请人的生活。

劳动者申请先予执行的,可以不提供担保。

第五十二条 裁决应当按照多数仲裁员的意见作出,少数仲裁员的不同意见应当记入笔录。仲裁庭不能形成多数意见时,裁决应当按照首席仲裁员的意见作出。

第五十三条 裁决书应当载明仲裁请求、争议事实、裁决理由、裁决结果、当事人权利和裁决日期。裁决书由仲裁员签名,加盖仲裁委员会印章。对裁决持不同意见的仲裁员,可以签名,也可以不签名。

第五十四条 对裁决书中的文字、计算错误或者仲裁庭已经裁决但在裁决书中遗漏的事项,仲裁庭应当及时制作决定书予以补正并送达当事人。

第五十五条 当事人对裁决不服向人民法院提起诉讼的,按照调解仲裁法有关规定处理。

第三节 简易处理

第五十六条 争议案件符合下列情形之一的,可以简易处理:

(一)事实清楚、权利义务关系明确、争议不大的;

(二)标的额不超过本省、自治区、直辖市上年度职工年平均工资的;

(三)双方当事人同意简易处理的。

仲裁委员会决定简易处理的,可以指定一名仲裁员独任仲裁,并应当告知当事人。

第五十七条 争议案件有下列情形之一的,不得简易处理:

(一)涉及国家利益、社会公共利益的;

(二)有重大社会影响的;

(三)被申请人下落不明的;

(四)仲裁委员会认为不宜简易处理的。

第五十八条 简易处理的案件,经与被申请人协商同意,仲裁庭可以缩短或者取消答辩期。

第五十九条 简易处理的案件,仲裁庭可以用电话、短信、传真、电子邮件等简便方式送达仲裁文书,但送达调解书、裁决书除外。

以简便方式送达的开庭通知,未经当事人确认或者没有其他证据证明当事人已经收到的,仲裁庭不得按撤回仲裁申请处理或者缺席裁决。

第六十条 简易处理的案件,仲裁庭可以根据案件情况确定举证期限、开庭日期、审理程序、文书制作等事项,但应当保障当事人陈述意见的权利。

第六十一条 仲裁庭在审理过程中,发现案件不宜简易处理的,应当在仲裁期限届满前决定转为按照一般程序处理,并告知当事人。

案件转为按照一般程序处理的,仲裁期限自仲裁委员会受理仲裁申请之日起计算,双方当事人已经确认的事实,可以不再进行举证、质证。

第四节 集体劳动人事争议处理

第六十二条 处理劳动者一方在十人以上并有共同请求的争议案件,或者因履行集体合同发生的劳动争议案件,适用本节规定。

符合本规则第五十六条第一款规定情形之一的集体劳动人事争议案件,可以简易处理,不受本节规定的限制。

第六十三条 发生劳动者一方在十人以上并有共同请求的争议的,劳动者可以推举三至五名代表参加仲裁活动。代表人参加仲裁的行为对其所代表的当事人发生效力,但代表人变更、放弃仲裁请求或者承认对方当事人的仲裁请求,进行和解,必须经被代表的当事人同意。

因履行集体合同发生的劳动争议,经协商解决不成的,工会可以依法申请仲裁;尚未建立工会的,由上级工会指导劳动者推举产生的代表依法申请仲裁。

第六十四条 仲裁委员会应当自收到当事人集体劳动人事争议仲裁申请之日起五日内作出受理或者不予受理的决定。决定受理的,应当自受理之日起五日内将仲裁庭组成人员、答辩期限、举证期限、开庭日期和地点等事项一次性通知当事人。

第六十五条 仲裁委员会处理集体劳动人事争议案件,应当由三名仲裁员组成仲裁庭,设首席仲裁员。

仲裁委员会处理因履行集体合同发生的劳动争议,应当按照三方原则组成仲裁庭处理。

第六十六条 仲裁庭处理集体劳动人事争议,开庭前应当引导当事人自行协商,或者先行调解。

仲裁庭处理集体劳动人事争议案件,可以邀请法律工作者、律师、专家学者等第三方共同参与调解。

协商或者调解未能达成协议的,仲裁庭应当及时裁决。

第六十七条 仲裁庭开庭场所可以设在发生争议的用人单位或者其他便

于及时处理争议的地点。

第四章　调　解　程　序

第一节　仲　裁　调　解

第六十八条　仲裁委员会处理争议案件,应当坚持调解优先,引导当事人通过协商、调解方式解决争议,给予必要的法律释明以及风险提示。

第六十九条　对未经调解、当事人直接申请仲裁的争议,仲裁委员会可以向当事人发出调解建议书,引导其到调解组织进行调解。当事人同意先行调解的,应当暂缓受理;当事人不同意先行调解的,应当依法受理。

第七十条　开庭之前,经双方当事人同意,仲裁庭可以委托调解组织或者其他具有调解能力的组织、个人进行调解。

自当事人同意之日起十日内未达成调解协议的,应当开庭审理。

第七十一条　仲裁庭审理争议案件时,应当进行调解。必要时可以邀请有关单位、组织或者个人参与调解。

第七十二条　仲裁调解达成协议的,仲裁庭应当制作调解书。

调解书应当写明仲裁请求和当事人协议的结果。调解书由仲裁员签名,加盖仲裁委员会印章,送达双方当事人。调解书经双方当事人签收后,发生法律效力。

调解不成或者调解书送达前,一方当事人反悔的,仲裁庭应当及时作出裁决。

第七十三条　当事人就部分仲裁请求达成调解协议的,仲裁庭可以就该部分先行出具调解书。

第二节　调解协议的仲裁审查

第七十四条　经调解组织调解达成调解协议的,双方当事人可以自调解协议生效之日起十五日内,共同向有管辖权的仲裁委员会提出仲裁审查申请。

当事人申请审查调解协议,应当向仲裁委员会提交仲裁审查申请书、调解协议和身份证明、资格证明以及其他与调解协议相关的证明材料,并提供双方当事人的送达地址、电话号码等联系方式。

第七十五条　仲裁委员会收到当事人仲裁审查申请,应当及时决定是否受理。决定受理的,应当出具受理通知书。

有下列情形之一的,仲裁委员会不予受理:

(一)不属于仲裁委员会受理争议范围的;

（二）不属于本仲裁委员会管辖的；

（三）超出规定的仲裁审查申请期间的；

（四）确认劳动关系的；

（五）调解协议已经人民法院司法确认的。

第七十六条 仲裁委员会审查调解协议，应当自受理仲裁审查申请之日起五日内结束。因特殊情况需要延期的，经仲裁委员会主任或者其委托的仲裁院负责人批准，可以延长五日。

调解书送达前，一方或者双方当事人撤回仲裁审查申请的，仲裁委员会应当准许。

第七十七条 仲裁委员会受理仲裁审查申请后，应当指定仲裁员对调解协议进行审查。

仲裁委员会经审查认为调解协议的形式和内容合法有效的，应当制作调解书。调解书的内容应当与调解协议的内容相一致。调解书经双方当事人签收后，发生法律效力。

第七十八条 调解协议具有下列情形之一的，仲裁委员会不予制作调解书：

（一）违反法律、行政法规强制性规定的；

（二）损害国家利益、社会公共利益或者公民、法人、其他组织合法权益的；

（三）当事人提供证据材料有弄虚作假嫌疑的；

（四）违反自愿原则的；

（五）内容不明确的；

（六）其他不能制作调解书的情形。

仲裁委员会决定不予制作调解书的，应当书面通知当事人。

第七十九条 当事人撤回仲裁审查申请或者仲裁委员会决定不予制作调解书的，应当终止仲裁审查。

第五章 附 则

第八十条 本规则规定的"三日"、"五日"、"十日"指工作日，"十五日"、"四十五日"指自然日。

第八十一条 本规则自2017年7月1日起施行。2009年1月1日人力资源社会保障部公布的《劳动人事争议仲裁办案规则》（人力资源和社会保障部令第2号）同时废止。

劳动人事争议仲裁组织规则

(2017年5月8日人力资源和社会保障部令第34号公布
自2017年7月1日起施行)

第一章 总 则

第一条 为公正及时处理劳动人事争议(以下简称争议),根据《中华人民共和国劳动争议调解仲裁法》(以下简称调解仲裁法)和《中华人民共和国公务员法》、《事业单位人事管理条例》、《中国人民解放军文职人员条例》等有关法律、法规,制定本规则。

第二条 劳动人事争议仲裁委员会(以下简称仲裁委员会)由人民政府依法设立,专门处理争议案件。

第三条 人力资源社会保障行政部门负责指导本行政区域的争议调解仲裁工作,组织协调处理跨地区、有影响的重大争议,负责仲裁员的管理、培训等工作。

第二章 仲裁委员会及其办事机构

第四条 仲裁委员会按照统筹规划、合理布局和适应实际需要的原则设立,由省、自治区、直辖市人民政府依法决定。

第五条 仲裁委员会由干部主管部门代表、人力资源社会保障等相关行政部门代表、军队文职人员工作管理部门代表、工会代表和用人单位方面代表等组成。

仲裁委员会组成人员应当是单数。

第六条 仲裁委员会设主任一名,副主任和委员若干名。

仲裁委员会主任由政府负责人或者人力资源社会保障行政部门主要负责人担任。

第七条 仲裁委员会依法履行下列职责:

(一)聘任、解聘专职或者兼职仲裁员;

(二)受理争议案件;

(三)讨论重大或者疑难的争议案件;

(四)监督本仲裁委员会的仲裁活动;

（五）制定本仲裁委员会的工作规则；

（六）其他依法应当履行的职责。

第八条 仲裁委员会应当每年至少召开两次全体会议，研究本仲裁委员会职责履行情况和重要工作事项。

仲裁委员会主任或者三分之一以上的仲裁委员会组成人员提议召开仲裁委员会会议的，应当召开。

仲裁委员会的决定实行少数服从多数原则。

第九条 仲裁委员会下设实体化的办事机构，具体承担争议调解仲裁等日常工作。办事机构称为劳动人事争议仲裁院（以下简称仲裁院），设在人力资源社会保障行政部门。

仲裁院对仲裁委员会负责并报告工作。

第十条 仲裁委员会的经费依法由财政予以保障。仲裁经费包括人员经费、公用经费、仲裁专项经费等。

仲裁院可以通过政府购买服务等方式聘用记录人员、安保人员等办案辅助人员。

第十一条 仲裁委员会组成单位可以派兼职仲裁员常驻仲裁院，参与争议调解仲裁活动。

第三章 仲 裁 庭

第十二条 仲裁委员会处理争议案件实行仲裁庭制度，实行一案一庭制。

仲裁委员会可以根据案件处理实际需要设立派驻仲裁庭、巡回仲裁庭、流动仲裁庭，就近就地处理争议案件。

第十三条 处理下列争议案件应当由三名仲裁员组成仲裁庭，设首席仲裁员：

（一）十人以上并有共同请求的争议案件；

（二）履行集体合同发生的争议案件；

（三）有重大影响或者疑难复杂的争议案件；

（四）仲裁委员会认为应当由三名仲裁员组庭处理的其他争议案件。

简单争议案件可以由一名仲裁员独任仲裁。

第十四条 记录人员负责案件庭审记录等相关工作。

记录人员不得由本庭仲裁员兼任。

第十五条 仲裁庭组成不符合规定的，仲裁委员会应当予以撤销并重新组庭。

第十六条　仲裁委员会应当有专门的仲裁场所。仲裁场所应当悬挂仲裁徽章,张贴仲裁庭纪律及注意事项等,并配备仲裁庭专业设备、档案储存设备、安全监控设备和安检设施等。

第十七条　仲裁工作人员在仲裁活动中应当统一着装,佩戴仲裁徽章。

第四章　仲　裁　员

第十八条　仲裁员是由仲裁委员会聘任、依法调解和仲裁争议案件的专业工作人员。

仲裁员分为专职仲裁员和兼职仲裁员。专职仲裁员和兼职仲裁员在调解仲裁活动中享有同等权利,履行同等义务。

兼职仲裁员进行仲裁活动,所在单位应当予以支持。

第十九条　仲裁委员会应当依法聘任一定数量的专职仲裁员,也可以根据办案工作需要,依法从干部主管部门、人力资源社会保障行政部门、军队文职人员工作管理部门、工会、企业组织等相关机构的人员以及专家学者、律师中聘任兼职仲裁员。

第二十条　仲裁员享有以下权利:

(一)履行职责应当具有的职权和工作条件;

(二)处理争议案件不受干涉;

(三)人身、财产安全受到保护;

(四)参加聘前培训和在职培训;

(五)法律、法规规定的其他权利。

第二十一条　仲裁员应当履行以下义务:

(一)依法处理争议案件;

(二)维护国家利益和公共利益,保护当事人合法权益;

(三)严格执行廉政规定,恪守职业道德;

(四)自觉接受监督;

(五)法律、法规规定的其他义务。

第二十二条　仲裁委员会聘任仲裁员时,应当从符合调解仲裁法第二十条规定的仲裁员条件的人员中选聘。

仲裁委员会应当根据工作需要,合理配备专职仲裁员和办案辅助人员。专职仲裁员数量不得少于三名,办案辅助人员不得少于一名。

第二十三条　仲裁委员会应当设仲裁员名册,并予以公告。

省、自治区、直辖市人力资源社会保障行政部门应当将本行政区域内仲裁委员会聘任的仲裁员名单报送人力资源社会保障部备案。

第二十四条 仲裁员聘期一般为五年。仲裁委员会负责仲裁员考核,考核结果作为解聘和续聘仲裁员的依据。

第二十五条 仲裁委员会应当制定仲裁员工作绩效考核标准,重点考核办案质量和效率、工作作风、遵纪守法情况等。考核结果分为优秀、合格、不合格。

第二十六条 仲裁员有下列情形之一的,仲裁委员会应当予以解聘:
（一）聘期届满不再续聘的;
（二）在聘期内因工作岗位变动或者其他原因不再履行仲裁员职责的;
（三）年度考核不合格的;
（四）因违纪、违法犯罪不能继续履行仲裁员职责的;
（五）其他应当解聘的情形。

第二十七条 人力资源社会保障行政部门负责对拟聘任的仲裁员进行聘前培训。

拟聘为省、自治区、直辖市仲裁委员会仲裁员及副省级市仲裁委员会仲裁员的,参加人力资源社会保障部组织的聘前培训;拟聘为地(市)、县(区)仲裁委员会仲裁员的,参加省、自治区、直辖市人力资源社会保障行政部门组织的仲裁员聘前培训。

第二十八条 人力资源社会保障行政部门负责每年对本行政区域内的仲裁员进行政治思想、职业道德、业务能力和作风建设培训。

仲裁员每年脱产培训的时间累计不少于四十学时。

第二十九条 仲裁委员会应当加强仲裁员作风建设,培育和弘扬具有行业特色的仲裁文化。

第三十条 人力资源社会保障部负责组织制定仲裁员培训大纲,开发培训教材,建立师资库和考试题库。

第三十一条 建立仲裁员职业保障机制,拓展仲裁员职业发展空间。

第五章 仲 裁 监 督

第三十二条 仲裁委员会应当建立仲裁监督制度,对申请受理、办案程序、处理结果、仲裁工作人员行为等进行监督。

第三十三条 仲裁员不得有下列行为:
（一）徇私枉法,偏袒一方当事人;
（二）滥用职权,侵犯当事人合法权益;
（三）利用职权为自己或者他人谋取私利;

（四）隐瞒证据或者伪造证据；

（五）私自会见当事人及其代理人，接受当事人及其代理人的请客送礼；

（六）故意拖延办案、玩忽职守；

（七）泄露案件涉及的国家秘密、商业秘密和个人隐私或者擅自透露案件处理情况；

（八）在受聘期间担任所在仲裁委员会受理案件的代理人；

（九）其他违法违纪的行为。

第三十四条 仲裁员有本规则第三十三条规定情形的，仲裁委员会视情节轻重，给予批评教育、解聘等处理；被解聘的，五年内不得再次被聘为仲裁员。仲裁员所在单位根据国家有关规定对其给予处分；构成犯罪的，依法追究刑事责任。

第三十五条 记录人员等办案辅助人员应当认真履行职责，严守工作纪律，不得有玩忽职守、偏袒一方当事人、泄露案件涉及的国家秘密、商业秘密和个人隐私或者擅自透露案件处理情况等行为。

办案辅助人员违反前款规定的，应当按照有关法律法规和本规则第三十四条的规定处理。

第六章 附　　则

第三十六条 被聘任为仲裁员的，由人力资源社会保障部统一免费发放仲裁员证和仲裁徽章。

第三十七条 仲裁委员会对被解聘、辞职以及其他原因不再聘任的仲裁员，应当及时收回仲裁员证和仲裁徽章，并予以公告。

第三十八条 本规则自2017年7月1日起施行。2010年1月20日人力资源社会保障部公布的《劳动人事争议仲裁组织规则》(人力资源和社会保障部令第5号)同时废止。

企业劳动争议协商调解规定

(2011年11月30日人力资源和社会保障部令第17号公布
自2012年1月1日起施行)

第一章 总　　则

第一条 为规范企业劳动争议协商、调解行为，促进劳动关系和谐稳定，根据《中华人民共和国劳动争议调解仲裁法》,制定本规定。

第二条 企业劳动争议协商、调解,适用本规定。

第三条 企业应当依法执行职工大会、职工代表大会、厂务公开等民主管理制度,建立集体协商、集体合同制度,维护劳动关系和谐稳定。

第四条 企业应当建立劳资双方沟通对话机制,畅通劳动者利益诉求表达渠道。

劳动者认为企业在履行劳动合同、集体合同,执行劳动保障法律、法规和企业劳动规章制度等方面存在问题的,可以向企业劳动争议调解委员会(以下简称调解委员会)提出。调解委员会应当及时核实情况,协调企业进行整改或者向劳动者做出说明。

劳动者也可以通过调解委员会向企业提出其他合理诉求。调解委员会应当及时向企业转达,并向劳动者反馈情况。

第五条 企业应当加强对劳动者的人文关怀,关心劳动者的诉求,关注劳动者的心理健康,引导劳动者理性维权,预防劳动争议发生。

第六条 协商、调解劳动争议,应当根据事实和有关法律法规的规定,遵循平等、自愿、合法、公正、及时的原则。

第七条 人力资源和社会保障行政部门应当指导企业开展劳动争议预防调解工作,具体履行下列职责:

(一)指导企业遵守劳动保障法律、法规和政策;

(二)督促企业建立劳动争议预防预警机制;

(三)协调工会、企业代表组织建立企业重大集体性劳动争议应急调解协调机制,共同推动企业劳动争议预防调解工作;

(四)检查辖区内调解委员会的组织建设、制度建设和队伍建设情况。

第二章 协 商

第八条 发生劳动争议,一方当事人可以通过与另一方当事人约见、面谈等方式协商解决。

第九条 劳动者可以要求所在企业工会参与或者协助其与企业进行协商。工会也可以主动参与劳动争议的协商处理,维护劳动者合法权益。

劳动者可以委托其他组织或者个人作为其代表进行协商。

第十条 一方当事人提出协商要求后,另一方当事人应当积极做出口头或者书面回应。5日内不做出回应的,视为不愿协商。

协商的期限由当事人书面约定,在约定的期限内没有达成一致的,视为协商不成。当事人可以书面约定延长期限。

第十一条 协商达成一致,应当签订书面和解协议。和解协议对双方当事人具有约束力,当事人应当履行。

经仲裁庭审查,和解协议程序和内容合法有效的,仲裁庭可以将其作为证据使用。但是,当事人为达成和解的目的作出妥协所涉及的对争议事实的认可,不得在其后的仲裁中作为对其不利的证据。

第十二条 发生劳动争议,当事人不愿协商、协商不成或者达成和解协议后,一方当事人在约定的期限内不履行和解协议的,可以依法向调解委员会或者乡镇、街道劳动就业社会保障服务所(中心)等其他依法设立的调解组织申请调解,也可以依法向劳动人事争议仲裁委员会(以下简称仲裁委员会)申请仲裁。

第三章 调 解

第十三条 大中型企业应当依法设立调解委员会,并配备专职或者兼职工作人员。

有分公司、分店、分厂的企业,可以根据需要在分支机构设立调解委员会。总部调解委员会指导分支机构调解委员会开展劳动争议预防调解工作。

调解委员会可以根据需要在车间、工段、班组设立调解小组。

第十四条 小微型企业可以设立调解委员会,也可以由劳动者和企业共同推举人员,开展调解工作。

第十五条 调解委员会由劳动者代表和企业代表组成,人数由双方协商确定,双方人数应当对等。劳动者代表由工会委员会成员担任或者由全体劳动者推举产生,企业代表由企业负责人指定。调解委员会主任由工会委员会成员或者双方推举的人员担任。

第十六条 调解委员会履行下列职责:

(一)宣传劳动保障法律、法规和政策;

(二)对本企业发生的劳动争议进行调解;

(三)监督和解协议、调解协议的履行;

(四)聘任、解聘和管理调解员;

(五)参与协调履行劳动合同、集体合同、执行企业劳动规章制度等方面出现的问题;

(六)参与研究涉及劳动者切身利益的重大方案;

(七)协助企业建立劳动争议预防预警机制。

第十七条 调解员履行下列职责:
(一)关注本企业劳动关系状况,及时向调解委员会报告;
(二)接受调解委员会指派,调解劳动争议案件;
(三)监督和解协议、调解协议的履行;
(四)完成调解委员会交办的其他工作。

第十八条 调解员应当公道正派、联系群众、热心调解工作,具有一定劳动保障法律政策知识和沟通协调能力。调解员由调解委员会聘任的本企业工作人员担任,调解委员会成员均为调解员。

第十九条 调解员的聘期至少为1年,可以续聘。调解员不能履行调解职责时,调解委员会应当及时调整。

第二十条 调解员依法履行调解职责,需要占用生产或者工作时间的,企业应当予以支持,并按照正常出勤对待。

第二十一条 发生劳动争议,当事人可以口头或者书面形式向调解委员会提出调解申请。

申请内容应当包括申请人基本情况、调解请求、事实与理由。

口头申请的,调解委员会应当场记录。

第二十二条 调解委员会接到调解申请后,对属于劳动争议受理范围且双方当事人同意调解的,应当在3个工作日内受理。对不属于劳动争议受理范围或者一方当事人不同意调解的,应当做好记录,并书面通知申请人。

第二十三条 发生劳动争议,当事人没有提出调解申请,调解委员会可以在征得双方当事人同意后主动调解。

第二十四条 调解委员会调解劳动争议一般不公开进行。但是,双方当事人要求公开调解的除外。

第二十五条 调解委员会根据案件情况指定调解员或者调解小组进行调解,在征得当事人同意后,也可以邀请有关单位和个人协助调解。

调解员应当全面听取双方当事人的陈述,采取灵活多样的方式方法,开展耐心、细致的说服疏导工作,帮助当事人自愿达成调解协议。

第二十六条 经调解达成调解协议的,由调解委员会制作调解协议书。调解协议书应当写明双方当事人基本情况、调解请求事项、调解的结果和协议履行期限、履行方式等。

调解协议书由双方当事人签名或者盖章,经调解员签名并加盖调解委员会印章后生效。

调解协议书一式三份,双方当事人和调解委员会各执一份。

第二十七条 生效的调解协议对双方当事人具有约束力,当事人应当履行。

双方当事人可以自调解协议生效之日起15日内共同向仲裁委员会提出仲裁审查申请。仲裁委员会受理后,应当对调解协议进行审查,并根据《劳动人事争议仲裁办案规则》第五十四条规定,对程序和内容合法有效的调解协议,出具调解书。

第二十八条 双方当事人未按前条规定提出仲裁审查申请,一方当事人在约定的期限内不履行调解协议的,另一方当事人可以依法申请仲裁。

仲裁委员会受理仲裁申请后,应当对调解协议进行审查,调解协议合法有效且不损害公共利益或者第三人合法利益的,在没有新证据出现的情况下,仲裁委员会可以依据调解协议作出仲裁裁决。

第二十九条 调解委员会调解劳动争议,应当自受理调解申请之日起15日内结束。但是,双方当事人同意延期的可以延长。

在前款规定期限内未达成调解协议的,视为调解不成。

第三十条 当事人不愿调解、调解不成或者达成调解协议后,一方当事人在约定的期限内不履行调解协议的,调解委员会应当做好记录,由双方当事人签名或者盖章,并书面告知当事人可以向仲裁委员会申请仲裁。

第三十一条 有下列情形之一的,按照《劳动人事争议仲裁办案规则》第十条的规定属于仲裁时效中断,从中断时起,仲裁时效期间重新计算:

(一)一方当事人提出协商要求后,另一方当事人不同意协商或者在5日内不做出回应的;

(二)在约定的协商期限内,一方或者双方当事人不同意继续协商的;

(三)在约定的协商期限内未达成一致的;

(四)达成和解协议后,一方或者双方当事人在约定的期限内不履行和解协议的;

(五)一方当事人提出调解申请后,另一方当事人不同意调解的;

(六)调解委员会受理调解申请后,在第二十九条规定的期限内一方或者双方当事人不同意调解的;

(七)在第二十九条规定的期限内未达成调解协议的;

(八)达成调解协议后,一方当事人在约定期限内不履行调解协议的。

第三十二条 调解委员会应当建立健全调解登记、调解记录、督促履行、档案管理、业务培训、统计报告、工作考评等制度。

第三十三条 企业应当支持调解委员会开展调解工作,提供办公场所,保障工作经费。

第三十四条　企业未按照本规定成立调解委员会,劳动争议或者群体性事件频发,影响劳动关系和谐,造成重大社会影响的,由县级以上人力资源和社会保障行政部门予以通报;违反法律法规规定的,依法予以处理。

第三十五条　调解员在调解过程中存在严重失职或者违法违纪行为,侵害当事人合法权益的,调解委员会应当予以解聘。

第四章　附　　则

第三十六条　民办非企业单位、社会团体开展劳动争议协商、调解工作参照本规定执行。

第三十七条　本规定自 2012 年 1 月 1 日起施行。

最高人民法院关于人民调解协议司法确认程序的若干规定

(2011 年 3 月 21 日最高人民法院审判委员会第 1515 次会议通过　2011 年 3 月 23 日公布　法释〔2011〕5 号　自 2011 年 3 月 30 日起施行)

为了规范经人民调解委员会调解达成的民事调解协议的司法确认程序,进一步建立健全诉讼与非诉讼相衔接的矛盾纠纷解决机制,依照《中华人民共和国民事诉讼法》和《中华人民共和国人民调解法》的规定,结合审判实际,制定本规定。

第一条　当事人根据《中华人民共和国人民调解法》第三十三条的规定共同向人民法院申请确认调解协议的,人民法院应当依法受理。

第二条　当事人申请确认调解协议的,由主持调解的人民调解委员会所在地基层人民法院或者它派出的法庭管辖。

人民法院在立案前委派人民调解委员会调解并达成调解协议,当事人申请司法确认的,由委派的人民法院管辖。

第三条　当事人申请确认调解协议,应当向人民法院提交司法确认申请书、调解协议和身份证明、资格证明,以及与调解协议相关的财产权利证明等证明材料,并提供双方当事人的送达地址、电话号码等联系方式。委托他人代为申请的,必须向人民法院提交由委托人签名或者盖章的授权委托书。

第四条 人民法院收到当事人司法确认申请,应当在三日内决定是否受理。人民法院决定受理的,应当编立"调确字"案号,并及时向当事人送达受理通知书。双方当事人同时到法院申请司法确认的,人民法院可以当即受理并作出是否确认的决定。

有下列情形之一的,人民法院不予受理:

(一)不属于人民法院受理民事案件的范围或者不属于接受申请的人民法院管辖的;

(二)确认身份关系的;

(三)确认收养关系的;

(四)确认婚姻关系的。

第五条 人民法院应当自受理司法确认申请之日起十五日内作出是否确认的决定。因特殊情况需要延长的,经本院院长批准,可以延长十日。

在人民法院作出是否确认的决定前,一方或者双方当事人撤回司法确认申请的,人民法院应当准许。

第六条 人民法院受理司法确认申请后,应当指定一名审判人员对调解协议进行审查。人民法院在必要时可以通知双方当事人同时到场,当面询问当事人。当事人应当向人民法院如实陈述申请确认的调解协议的有关情况,保证提交的证明材料真实、合法。人民法院在审查中,认为当事人的陈述或者提供的证明材料不充分、不完备或者有疑义的,可以要求当事人补充陈述或者补充证明材料。当事人无正当理由未按时补充或者拒不接受询问的,可以按撤回司法确认申请处理。

第七条 具有下列情形之一的,人民法院不予确认调解协议效力:

(一)违反法律、行政法规强制性规定的;

(二)侵害国家利益、社会公共利益的;

(三)侵害案外人合法权益的;

(四)损害社会公序良俗的;

(五)内容不明确,无法确认的;

(六)其他不能进行司法确认的情形。

第八条 人民法院经审查认为调解协议符合确认条件的,应当作出确认决定书;决定不予确认调解协议效力的,应当作出不予确认决定书。

第九条 人民法院依法作出确认决定后,一方当事人拒绝履行或者未全部履行的,对方当事人可以向作出确认决定的人民法院申请强制执行。

第十条 案外人认为经人民法院确认的调解协议侵害其合法权益的,可以自知道或者应当知道权益被侵害之日起一年内,向作出确认决定的人民法院申请撤销确认决定。

第十一条 人民法院办理人民调解协议司法确认案件,不收取费用。

第十二条 人民法院可以将调解协议不予确认的情况定期或者不定期通报同级司法行政机关和相关人民调解委员会。

第十三条 经人民法院建立的调解员名册中的调解员调解达成协议后,当事人申请司法确认的,参照本规定办理。人民法院立案后委托他人调解达成的协议的司法确认,按照《最高人民法院关于人民法院民事调解工作若干问题的规定》(法释〔2004〕12号)的有关规定办理。

相关文书样式(略)。

最高人民法院关于审理劳动争议案件适用法律问题的解释(一)

(2020年12月25日最高人民法院审判委员会第1825次会议通过 2020年12月29日公布 法释〔2020〕26号 自2021年1月1日起施行)

为正确审理劳动争议案件,根据《中华人民共和国民法典》《中华人民共和国劳动法》《中华人民共和国劳动合同法》《中华人民共和国劳动争议调解仲裁法》《中华人民共和国民事诉讼法》等相关法律规定,结合审判实践,制定本解释。

第一条 劳动者与用人单位之间发生的下列纠纷,属于劳动争议,当事人不服劳动争议仲裁机构作出的裁决,依法提起诉讼的,人民法院应予受理:

(一)劳动者与用人单位在履行劳动合同过程中发生的纠纷;

(二)劳动者与用人单位之间没有订立书面劳动合同,但已形成劳动关系后发生的纠纷;

(三)劳动者与用人单位因劳动关系是否已经解除或者终止,以及应否支付解除或者终止劳动关系经济补偿金发生的纠纷;

(四)劳动者与用人单位解除或者终止劳动关系后,请求用人单位返还其收取的劳动合同定金、保证金、抵押金、抵押物发生的纠纷,或者办理劳动者的人

事档案、社会保险关系等移转手续发生的纠纷;

(五)劳动者以用人单位未为其办理社会保险手续,且社会保险经办机构不能补办导致其无法享受社会保险待遇为由,要求用人单位赔偿损失发生的纠纷;

(六)劳动者退休后,与尚未参加社会保险统筹的原用人单位因追索养老金、医疗费、工伤保险待遇和其他社会保险待遇而发生的纠纷;

(七)劳动者因为工伤、职业病,请求用人单位依法给予工伤保险待遇发生的纠纷;

(八)劳动者依据劳动合同法第八十五条规定,要求用人单位支付加付赔偿金发生的纠纷;

(九)因企业自主进行改制发生的纠纷。

第二条 下列纠纷不属于劳动争议:

(一)劳动者请求社会保险经办机构发放社会保险金的纠纷;

(二)劳动者与用人单位因住房制度改革产生的公有住房转让纠纷;

(三)劳动者对劳动能力鉴定委员会的伤残等级鉴定结论或者对职业病诊断鉴定委员会的职业病诊断鉴定结论的异议纠纷;

(四)家庭或者个人与家政服务人员之间的纠纷;

(五)个体工匠与帮工、学徒之间的纠纷;

(六)农村承包经营户与受雇人之间的纠纷。

第三条 劳动争议案件由用人单位所在地或者劳动合同履行地的基层人民法院管辖。

劳动合同履行地不明确的,由用人单位所在地的基层人民法院管辖。

法律另有规定的,依照其规定。

第四条 劳动者与用人单位均不服劳动争议仲裁机构的同一裁决,向同一人民法院起诉的,人民法院应当并案审理,双方当事人互为原告和被告,对双方的诉讼请求,人民法院应当一并作出裁决。在诉讼过程中,一方当事人撤诉的,人民法院应当根据另一方当事人的诉讼请求继续审理。双方当事人就同一仲裁裁决分别向有管辖权的人民法院起诉的,后受理的人民法院应当将案件移送给先受理的人民法院。

第五条 劳动争议仲裁机构以无管辖权为由对劳动争议案件不予受理,当事人提起诉讼的,人民法院按照以下情形分别处理:

(一)经审查认为该劳动争议仲裁机构对案件确无管辖权的,应当告知当事人向有管辖权的劳动争议仲裁机构申请仲裁;

(二)经审查认为该劳动争议仲裁机构有管辖权的,应当告知当事人申请仲裁,并将审查意见书面通知该劳动争议仲裁机构;劳动争议仲裁机构仍不受理,当事人就该劳动争议事项提起诉讼的,人民法院应予受理。

第六条 劳动争议仲裁机构以当事人申请仲裁的事项不属于劳动争议为由,作出不予受理的书面裁决、决定或者通知,当事人不服依法提起诉讼的,人民法院应当分别情况予以处理:

(一)属于劳动争议案件的,应当受理;

(二)虽不属于劳动争议案件,但属于人民法院主管的其他案件,应当依法受理。

第七条 劳动争议仲裁机构以申请仲裁的主体不适格为由,作出不予受理的书面裁决、决定或者通知,当事人不服依法提起诉讼,经审查确属主体不适格的,人民法院不予受理;已经受理的,裁定驳回起诉。

第八条 劳动争议仲裁机构为纠正原仲裁裁决错误重新作出裁决,当事人不服依法提起诉讼的,人民法院应当受理。

第九条 劳动争议仲裁机构仲裁的事项不属于人民法院受理的案件范围,当事人不服依法提起诉讼的,人民法院不予受理;已经受理的,裁定驳回起诉。

第十条 当事人不服劳动争议仲裁机构作出的预先支付劳动者劳动报酬、工伤医疗费、经济补偿或者赔偿金的裁决,依法提起诉讼的,人民法院不予受理。

用人单位不履行上述裁决中的给付义务,劳动者依法申请强制执行的,人民法院应予受理。

第十一条 劳动争议仲裁机构作出的调解书已经发生法律效力,一方当事人反悔提起诉讼的,人民法院不予受理;已经受理的,裁定驳回起诉。

第十二条 劳动争议仲裁机构逾期未作出受理决定或仲裁裁决,当事人直接提起诉讼的,人民法院应予受理,但申请仲裁的案件存在下列事由的除外:

(一)移送管辖的;

(二)正在送达或者送达延误的;

(三)等待另案诉讼结果、评残结论的;

(四)正在等待劳动争议仲裁机构开庭的;

(五)启动鉴定程序或者委托其他部门调查取证的;

(六)其他正当事由。

当事人以劳动争议仲裁机构逾期未作出仲裁裁决为由提起诉讼的,应当提交该仲裁机构出具的受理通知书或者其他已接受仲裁申请的凭证、证明。

第十三条　劳动者依据劳动合同法第三十条第二款和调解仲裁法第十六条规定向人民法院申请支付令，符合民事诉讼法第十七章督促程序规定的，人民法院应予受理。

依据劳动合同法第三十条第二款规定申请支付令被人民法院裁定终结督促程序后，劳动者就劳动争议事项直接提起诉讼的，人民法院应当告知其先向劳动争议仲裁机构申请仲裁。

依据调解仲裁法第十六条规定申请支付令被人民法院裁定终结督促程序后，劳动者依据调解协议直接提起诉讼的，人民法院应予受理。

第十四条　人民法院受理劳动争议案件后，当事人增加诉讼请求的，如该诉讼请求与讼争的劳动争议具有不可分性，应当合并审理；如属独立的劳动争议，应当告知当事人向劳动争议仲裁机构申请仲裁。

第十五条　劳动者以用人单位的工资欠条为证据直接提起诉讼，诉讼请求不涉及劳动关系其他争议的，视为拖欠劳动报酬争议，人民法院按照普通民事纠纷受理。

第十六条　劳动争议仲裁机构作出仲裁裁决后，当事人对裁决中的部分事项不服，依法提起诉讼的，劳动争议仲裁裁决不发生法律效力。

第十七条　劳动争议仲裁机构对多个劳动者的劳动争议作出仲裁裁决后，部分劳动者对仲裁裁决不服，依法提起诉讼的，仲裁裁决对提起诉讼的劳动者不发生法律效力；对未提起诉讼的部分劳动者，发生法律效力，如其申请执行的，人民法院应当受理。

第十八条　仲裁裁决的类型以仲裁裁决书确定为准。仲裁裁决书未载明该裁决为终局裁决或者非终局裁决，用人单位不服该仲裁裁决向基层人民法院提起诉讼的，应当按照以下情形分别处理：

（一）经审查认为该仲裁裁决为非终局裁决的，基层人民法院应予受理；

（二）经审查认为该仲裁裁决为终局裁决的，基层人民法院不予受理，但应告知用人单位可以自收到不予受理裁定书之日起三十日内向劳动争议仲裁机构所在地的中级人民法院申请撤销该仲裁裁决；已经受理的，裁定驳回起诉。

第十九条　仲裁裁决书未载明该裁决为终局裁决或者非终局裁决，劳动者依据调解仲裁法第四十七条第一项规定，追索劳动报酬、工伤医疗费、经济补偿或者赔偿金，如果仲裁裁决涉及数项，每项确定的数额均不超过当地月最低工资标准十二个月金额的，应当按照终局裁决处理。

第二十条　劳动争议仲裁机构作出的同一仲裁裁决同时包含终局裁决事项和非终局裁决事项，当事人不服该仲裁裁决向人民法院提起诉讼的，应当按照非终局裁决处理。

第二十一条 劳动者依据调解仲裁法第四十八条规定向基层人民法院提起诉讼,用人单位依据调解仲裁法第四十九条规定向劳动争议仲裁机构所在地的中级人民法院申请撤销仲裁裁决的,中级人民法院应当不予受理;已经受理的,应当裁定驳回申请。

被人民法院驳回起诉或者劳动者撤诉的,用人单位可以自收到裁定书之日起三十日内,向劳动争议仲裁机构所在地的中级人民法院申请撤销仲裁裁决。

第二十二条 用人单位依据调解仲裁法第四十九条规定向中级人民法院申请撤销仲裁裁决,中级人民法院作出的驳回申请或者撤销仲裁裁决的裁定为终审裁定。

第二十三条 中级人民法院审理用人单位申请撤销终局裁决的案件,应当组成合议庭开庭审理。经过阅卷、调查和询问当事人,对没有新的事实、证据或者理由,合议庭认为不需要开庭审理的,可以不开庭审理。

中级人民法院可以组织双方当事人调解。达成调解协议的,可以制作调解书。一方当事人逾期不履行调解协议的,另一方可以申请人民法院强制执行。

第二十四条 当事人申请人民法院执行劳动争议仲裁机构作出的发生法律效力的裁决书、调解书,被申请人提出证据证明劳动争议仲裁裁决书、调解书有下列情形之一,并经审查核实的,人民法院可以根据民事诉讼法第二百三十七条规定,裁定不予执行:

(一)裁决的事项不属于劳动争议仲裁范围,或者劳动争议仲裁机构无权仲裁的;

(二)适用法律、法规确有错误的;

(三)违反法定程序的;

(四)裁决所根据的证据是伪造的;

(五)对方当事人隐瞒了足以影响公正裁决的证据的;

(六)仲裁员在仲裁该案时有索贿受贿、徇私舞弊、枉法裁决行为的;

(七)人民法院认定执行该劳动争议仲裁裁决违背社会公共利益的。

人民法院在不予执行的裁定书中,应当告知当事人在收到裁定书之次日起三十日内,可以就该劳动争议事项向人民法院提起诉讼。

第二十五条 劳动争议仲裁机构作出终局裁决,劳动者向人民法院申请执行,用人单位向劳动争议仲裁机构所在地的中级人民法院申请撤销的,人民法院应当裁定中止执行。

用人单位撤回撤销终局裁决申请或者其申请被驳回的,人民法院应当裁定恢复执行。仲裁裁决被撤销的,人民法院应当裁定终结执行。

用人单位向人民法院申请撤销仲裁裁决被驳回后,又在执行程序中以相同理由提出不予执行抗辩的,人民法院不予支持。

第二十六条 用人单位与其它单位合并的,合并前发生的劳动争议,由合并后的单位为当事人;用人单位分立为若干单位的,其分立前发生的劳动争议,由分立后的实际用人单位为当事人。

用人单位分立为若干单位后,具体承受劳动权利义务的单位不明确的,分立后的单位均为当事人。

第二十七条 用人单位招用尚未解除劳动合同的劳动者,原用人单位与劳动者发生的劳动争议,可以列新的用人单位为第三人。

原用人单位以新的用人单位侵权为由提起诉讼的,可以列劳动者为第三人。

原用人单位以新的用人单位和劳动者共同侵权为由提起诉讼的,新的用人单位和劳动者列为共同被告。

第二十八条 劳动者在用人单位与其他平等主体之间的承包经营期间,与发包方和承包方双方或者一方发生劳动争议,依法提起诉讼的,应当将承包方和发包方作为当事人。

第二十九条 劳动者与未办理营业执照、营业执照被吊销或者营业期限届满仍继续经营的用人单位发生争议的,应当将用人单位或者其出资人列为当事人。

第三十条 未办理营业执照、营业执照被吊销或者营业期限届满仍继续经营的用人单位,以挂靠等方式借用他人营业执照经营的,应当将用人单位和营业执照出借方列为当事人。

第三十一条 当事人不服劳动争议仲裁机构作出的仲裁裁决,依法提起诉讼,人民法院审查认为仲裁裁决遗漏了必须共同参加仲裁的当事人的,应当依法追加遗漏的人为诉讼当事人。

被追加的当事人应当承担责任的,人民法院应当一并处理。

第三十二条 用人单位与其招用的已经依法享受养老保险待遇或者领取退休金的人员发生用工争议而提起诉讼的,人民法院应当按劳务关系处理。

企业停薪留职人员、未达到法定退休年龄的内退人员、下岗待岗人员以及企业经营性停产放长假人员,因与新的用人单位发生用工争议而提起诉讼的,人民法院应当按劳动关系处理。

第三十三条 外国人、无国籍人未依法取得就业证件即与中华人民共和国境内的用人单位签订劳动合同,当事人请求确认与用人单位存在劳动关系的,人民法院不予支持。

持有《外国专家证》并取得《外国人来华工作许可证》的外国人,与中华人民共和国境内的用人单位建立用工关系的,可以认定为劳动关系。

第三十四条 劳动合同期满后,劳动者仍在原用人单位工作,原用人单位未表示异议的,视为双方同意以原条件继续履行劳动合同。一方提出终止劳动关系的,人民法院应予支持。

根据劳动合同法第十四条规定,用人单位应当与劳动者签订无固定期限劳动合同而未签订的,人民法院可以视为双方之间存在无固定期限劳动合同关系,并以原劳动合同确定双方的权利义务关系。

第三十五条 劳动者与用人单位就解除或者终止劳动合同办理相关手续、支付工资报酬、加班费、经济补偿或者赔偿金等达成的协议,不违反法律、行政法规的强制性规定,且不存在欺诈、胁迫或者乘人之危情形的,应当认定有效。

前款协议存在重大误解或者显失公平情形,当事人请求撤销的,人民法院应予支持。

第三十六条 当事人在劳动合同或者保密协议中约定了竞业限制,但未约定解除或者终止劳动合同后给予劳动者经济补偿,劳动者履行了竞业限制义务,要求用人单位按照劳动者在劳动合同解除或者终止前十二个月平均工资的30%按月支付经济补偿的,人民法院应予支持。

前款规定的月平均工资的30%低于劳动合同履行地最低工资标准的,按照劳动合同履行地最低工资标准支付。

第三十七条 当事人在劳动合同或者保密协议中约定了竞业限制和经济补偿,当事人解除劳动合同时,除另有约定外,用人单位要求劳动者履行竞业限制义务,或者劳动者履行了竞业限制义务后要求用人单位支付经济补偿的,人民法院应予支持。

第三十八条 当事人在劳动合同或者保密协议中约定了竞业限制和经济补偿,劳动合同解除或者终止后,因用人单位的原因导致三个月未支付经济补偿,劳动者请求解除竞业限制约定的,人民法院应予支持。

第三十九条 在竞业限制期限内,用人单位请求解除竞业限制协议的,人民法院应予支持。

在解除竞业限制协议时,劳动者请求用人单位额外支付劳动者三个月的竞业限制经济补偿的,人民法院应予支持。

第四十条 劳动者违反竞业限制约定,向用人单位支付违约金后,用人单位要求劳动者按照约定继续履行竞业限制义务的,人民法院应予支持。

第四十一条 劳动合同被确认为无效,劳动者已付出劳动的,用人单位应当按照劳动合同法第二十八条、第四十六条、第四十七条的规定向劳动者支付劳动报酬和经济补偿。

由于用人单位原因订立无效劳动合同,给劳动者造成损害的,用人单位应当赔偿劳动者因合同无效所造成的经济损失。

第四十二条 劳动者主张加班费的,应当就加班事实的存在承担举证责任。但劳动者有证据证明用人单位掌握加班事实存在的证据,用人单位不提供的,由用人单位承担不利后果。

第四十三条 用人单位与劳动者协商一致变更劳动合同,虽未采用书面形式,但已经实际履行了口头变更的劳动合同超过一个月,变更后的劳动合同内容不违反法律、行政法规且不违背公序良俗,当事人以未采用书面形式为由主张劳动合同变更无效的,人民法院不予支持。

第四十四条 因用人单位作出的开除、除名、辞退、解除劳动合同、减少劳动报酬、计算劳动者工作年限等决定而发生的劳动争议,用人单位负举证责任。

第四十五条 用人单位有下列情形之一,迫使劳动者提出解除劳动合同的,用人单位应当支付劳动者的劳动报酬和经济补偿,并可支付赔偿金:

(一)以暴力、威胁或者非法限制人身自由的手段强迫劳动的;

(二)未按照劳动合同约定支付劳动报酬或者提供劳动条件的;

(三)克扣或者无故拖欠劳动者工资的;

(四)拒不支付劳动者延长工作时间工资报酬的;

(五)低于当地最低工资标准支付劳动者工资的。

第四十六条 劳动者非因本人原因从原用人单位被安排到新用人单位工作,原用人单位未支付经济补偿,劳动者依据劳动合同法第三十八条规定与新用人单位解除劳动合同,或者新用人单位向劳动者提出解除、终止劳动合同,在计算支付经济补偿或赔偿金的工作年限时,劳动者请求把在原用人单位的工作年限合并计算为新用人单位工作年限的,人民法院应予支持。

用人单位符合下列情形之一的,应当认定属于"劳动者非因本人原因从原用人单位被安排到新用人单位工作":

(一)劳动者仍在原工作场所、工作岗位工作,劳动合同主体由原用人单位变更为新用人单位;

(二)用人单位以组织委派或任命形式对劳动者进行工作调动;

(三)因用人单位合并、分立等原因导致劳动者工作调动;

（四）用人单位及其关联企业与劳动者轮流订立劳动合同；

（五）其他合理情形。

第四十七条 建立了工会组织的用人单位解除劳动合同符合劳动合同法第三十九条、第四十条规定，但未按照劳动合同法第四十三条规定事先通知工会，劳动者以用人单位违法解除劳动合同为由请求用人单位支付赔偿金的，人民法院应予支持，但起诉前用人单位已经补正有关程序的除外。

第四十八条 劳动合同法施行后，因用人单位经营期限届满不再继续经营导致劳动合同不能继续履行，劳动者请求用人单位支付经济补偿的，人民法院应予支持。

第四十九条 在诉讼过程中，劳动者向人民法院申请采取财产保全措施，人民法院经审查认为申请人经济确有困难，或者有证据证明用人单位存在欠薪逃匿可能的，应当减轻或者免除劳动者提供担保的义务，及时采取保全措施。

人民法院作出的财产保全裁定中，应当告知当事人在劳动争议仲裁机构的裁决书或者在人民法院的裁判文书生效后三个月内申请强制执行。逾期不申请的，人民法院应当裁定解除保全措施。

第五十条 用人单位根据劳动合同法第四条规定，通过民主程序制定的规章制度，不违反国家法律、行政法规及政策规定，并已向劳动者公示的，可以作为确定双方权利义务的依据。

用人单位制定的内部规章制度与集体合同或者劳动合同约定的内容不一致，劳动者请求优先适用合同约定的，人民法院应予支持。

第五十一条 当事人在调解仲裁法第十条规定的调解组织主持下达成的具有劳动权利义务内容的调解协议，具有劳动合同的约束力，可以作为人民法院裁判的根据。

当事人在调解仲裁法第十条规定的调解组织主持下仅就劳动报酬争议达成调解协议，用人单位不履行调解协议确定的给付义务，劳动者直接提起诉讼的，人民法院可以按照普通民事纠纷受理。

第五十二条 当事人在人民调解委员会主持下仅就给付义务达成的调解协议，双方认为有必要的，可以共同向人民调解委员会所在地的基层人民法院申请司法确认。

第五十三条 用人单位对劳动者作出的开除、除名、辞退等处理，或者因其他原因解除劳动合同确有错误的，人民法院可以依法判决予以撤销。

对于追索劳动报酬、养老金、医疗费以及工伤保险待遇、经济补偿金、培训费及其他相关费用等案件，给付数额不当的，人民法院可以予以变更。

第五十四条 本解释自 2021 年 1 月 1 日起施行。

工会参与劳动争议处理办法

(2023 年 12 月 28 日中华全国总工会印发　总工发〔2023〕23 号)

第一章　总　　则

第一条　为深入贯彻习近平法治思想，坚持和发展新时代"枫桥经验"，进一步规范和加强工会参与劳动争议处理工作，更好履行维护职工合法权益、竭诚服务职工群众基本职责，推动构建和谐劳动关系，根据《中华人民共和国工会法》《中华人民共和国劳动法》《中华人民共和国劳动合同法》《中华人民共和国劳动争议调解仲裁法》及《中国工会章程》等有关规定，制定本办法。

第二条　工会参与劳动争议处理，应当坚持中国共产党的领导，坚持以职工为本，坚持立足预防、立足调解、立足法治、立足基层，坚持公平、正义，最大限度将劳动争议矛盾化解在基层，化解在萌芽状态。

第三条　县级以上总工会应当将工会参与劳动争议处理工作纳入服务职工工作体系，健全工会参与劳动争议处理保障机制，促进工会参与劳动争议处理工作高质量发展。

全国总工会法律工作部门负责指导、协调全国工会参与劳动争议处理工作。县级以上地方总工会法律工作部门负责指导、协调并组织实施本地区工会参与劳动争议处理工作。

各级工会加强与同级人力资源社会保障、人民法院、人民检察院、司法行政、公安、工商业联合会、企业联合会/企业家协会、律师协会等部门的沟通，推动建立健全劳动争议处理协作联动机制，协力做好劳动争议处理工作。

第四条　本办法适用于工会参与处理下列劳动争议：

（一）因确认劳动关系发生的争议；

（二）因订立、履行、变更、解除和终止劳动合同发生的争议；

（三）因订立或履行集体合同发生的争议；

（四）因工作时间、休息休假、社会保险、福利、培训以及劳动保护、女职工和未成年工、残疾职工等特殊劳动保护发生的争议；

（五）因劳动报酬、工伤保险待遇、经济补偿或者赔偿金等发生的争议；

（六）法律、法规规定的其他劳动争议。

第五条 工会依法参与劳动争议协商、调解、仲裁、诉讼等工作。县级以上总工会依法为所属工会和职工提供法律援助等法律服务。

职工因用人单位侵犯其劳动权益而申请劳动争议仲裁或者向人民法院起诉的，工会依法给予支持和帮助。

第六条 工会积极参与涉及货车司机、网约车驾驶员、快递员、外卖配送员等新就业形态劳动者劳动争议处理工作，依法维护新就业形态劳动者的劳动保障权益。

第七条 工会工作者参与劳动争议处理工作，应当依照法律和有关规定履行职责，做到遵纪守法、公正廉洁，不得滥用职权、徇私舞弊、收受贿赂，不得泄露国家秘密、商业秘密和个人隐私。

第二章 参与劳动争议协商

第八条 劳动争议协商是指劳动者和用人单位因行使劳动权利、履行劳动义务发生争议后，双方就解决争议、化解矛盾、达成和解协议而共同进行商谈的行为。

第九条 各级工会应当积极推进用人单位建立健全劳动关系协商调处机制，完善内部协商规则。发生劳动争议，职工可以要求用人单位工会参与或者协助其与用人单位进行协商；用人单位尚未建立工会的，职工可以请求用人单位所在地的各级地方工会参与或者协助其与用人单位进行协商，推动达成和解协议。

第十条 工会在参与劳动争议协商过程中，应当依法维护职工合法权益，代表或者协助职工提出切实可行的和解方案。

职工与用人单位就劳动争议协商达成一致的，工会应当主动引导签订书面和解协议并推动和解协议及时履行。

第十一条 劳动争议双方当事人不愿协商、协商不成或者达成和解协议后在约定的期限内不履行的，工会应当主动做好引导申请调解或仲裁等工作。

第三章 参与劳动争议调解

第十二条 工会应当积极参与劳动争议多元化解机制建设，充分发挥工会在调解工作中的职能作用，推动构建党委领导、政府负责、人力资源社会保障部门牵头、工会等有关部门参与、司法保障、科技支撑的劳动争议多元化解工作格局。

第十三条　劳动争议双方当事人经调解达成调解协议的,工会应当引导和督促当事人主动、及时、充分履行调解协议。依照法律规定可以申请仲裁审查或者司法确认的,工会可以引导当事人依法提出申请。

第十四条　企业劳动争议调解委员会依照有关规定由劳动者代表和企业代表组成,人数由双方协商确定,双方人数应当对等。劳动者代表由工会委员会成员担任或者由全体劳动者推举产生,企业代表由企业负责人指定。

企业劳动争议调解委员会主任依照有关规定由工会委员会成员或者双方推举的人员担任。

企业劳动争议调解委员会的办事机构可以依照有关规定设在企业工会委员会。

第十五条　企业劳动争议调解委员会履行下列职责:

(一)宣传劳动保障法律、法规和政策;

(二)对本企业发生的劳动争议进行调解;

(三)监督和推动和解协议、调解协议的履行;

(四)聘任、解聘和管理调解员;

(五)参与协调履行劳动合同、集体合同、执行企业劳动规章制度等方面出现的问题;

(六)参与研究涉及劳动者切身利益的重大方案;

(七)协助企业建立劳动争议预防预警机制;

(八)法律、法规规定的其他事项。

第十六条　工会工作者担任劳动争议调解员主要履行以下职责:

(一)关注用人单位或者行业劳动关系状况,及时向劳动争议调解委员会报告;

(二)接受劳动争议调解委员会指派,调解劳动争议案件;

(三)保障当事人实现自愿调解、申请回避和申请仲裁的权利;

(四)自调解组织收到调解申请之日起15日内结束调解,到期未结束的或者当事人明确表示不愿意接受调解的,视为调解不成,告知当事人可以申请仲裁;

(五)监督和解协议、调解协议的履行;

(六)及时做好调解文书及案卷的整理归档工作;

(七)完成调解委员会交办的其他工作。

第十七条　劳动争议调解委员会委员因工作或者职务变动等原因需要调整时,由原推选单位在30日内依法推举或者指定人员补齐。劳动争议调解委会委员需调整人数超过半数的,按有关规定重新组建。

第四章 参加劳动争议仲裁

第十八条 工会依照劳动争议调解仲裁法规定参加同级劳动人事争议仲裁委员会,履行有关职责。

第十九条 工会工作者作为劳动人事争议仲裁委员会组成人员,依法履行下列职责:

(一)参与处理所辖范围内的劳动争议案件;

(二)参加仲裁委员会会议,遇特殊情况不能到会的,应出具委托书,委托本组织其他人员出席会议;

(三)参与研究处理有重大影响和仲裁庭提交的重大疑难案件;

(四)参与对办案程序违法违规、工作人员违法违纪等问题线索的核查处理;

(五)对受理的集体劳动争议及本地区有影响的个人劳动争议案件,及时向本级及上级工会书面报告。

第二十条 工会工作者符合法律规定的仲裁员条件,由劳动人事争议仲裁委员会聘为兼职仲裁员的,依法履行仲裁员职责。

工会兼职仲裁员所在单位对其参加劳动争议仲裁活动应当给予支持。

第五章 参与劳动争议诉讼

第二十一条 工会在劳动争议诉讼中主要履行以下职责:

(一)支持帮助职工当事人起诉;

(二)接受职工当事人委托,指派或者委派诉讼代理人;

(三)推动生效法律文书的诚信履行;

(四)代表劳动者参加集体合同争议诉讼。

第二十二条 依法设立的工会法律服务机构可以接受职工的委托,指派或者委派诉讼代理人,代理其参加劳动争议诉讼活动。职工应当向人民法院提交由其本人签名或者盖章的授权委托书,指派或者委派的诉讼代理人在授权范围内代理诉讼。

第二十三条 依法设立的工会法律服务机构指派或者委派的诉讼代理人代理职工参与诉讼,主要有以下方式:

(一)为职工当事人提供法律咨询,代写起诉状、上诉状、申诉状等法律文书;

(二)在诉讼过程中为职工当事人代写应诉相关文本;

(三)调查案件有关事实,搜集对职工当事人有利的证据;

(四)代理职工当事人参加法院组织的立案前或者诉讼中调解,提出有利于职工当事人的调解意见和主张,促成双方当事人和解;

(五)代理职工当事人出庭应诉;

(六)为职工当事人实施法律法规规定或者当事人授权的其他代理行为。

第六章 参与处理集体劳动争议

第二十四条 发生集体劳动争议,用人单位工会应当及时向上级工会报告,依法参与处理。需要上级工会支持和帮助的,上级工会应当提供法律帮助。

工会参与处理集体劳动争议,应当积极反映职工的正当要求,维护职工合法权益。

第二十五条 因集体劳动争议导致停工、怠工事件,工会应当代表职工同企业、事业单位、社会组织或者有关方面协商,反映职工的意见和要求并提出解决意见。协商不成的,按集体劳动争议处理程序解决。

第二十六条 因订立集体合同发生争议,当事人双方协商解决不成的,用人单位工会应当提请上级工会协同人力资源社会保障等有关部门协调处理。

第二十七条 因履行集体合同发生争议,经协商解决不成的,用人单位工会可以依法申请仲裁;用人单位尚未建立工会的,由上级工会指导劳动者推举产生的代表依法申请仲裁。仲裁机构不予受理或者对仲裁裁决不服的,工会或者劳动者代表可以依法向人民法院提起诉讼。

第七章 组织保障

第二十八条 工会参与劳动争议处理工作应当积极争取地方政府的支持,通过政府联席(联系)会议、协调劳动关系三方机制等形式,定期与同级政府沟通交流工作情况,研究解决工作中的重大问题。

县级以上总工会应当加强对工会参与劳动争议处理工作的组织领导。下级工会应当定期向上级工会报告参与劳动争议处理工作。

第二十九条 各地工会应当根据工作实际,加强工会参与劳动争议处理工作数字化建设。工会可以依托职工服务线上平台,建立网上劳动争议调解室。

第三十条 具备条件的工会驿站等工会服务站点可以设立流动工会劳动争议调解室,为户外劳动者、新就业形态劳动者等提供便捷式法律服务。

具备条件的地方工会可以在劳动人事争议仲裁院、人民法院设立工会法律服务工作站(点)或者窗口,接受仲裁委员会或者人民法院委派委托,调解劳动争议。

第三十一条 工会应当积极推动用人单位依法建立劳动争议调解委员会,推动工业园区和劳动密集型行业等建立区域性、行业性劳动争议调解组织,实现劳动争议调解组织应建尽建。

工会指导建立基层工会时,同步建立工会劳动法律监督委员会,同步推进企业建立劳动争议调解委员会。

第三十二条 工会应当积极推动平台企业及其关联企业建立劳动争议调解委员会,加快在新就业形态劳动者集中的行业、区域建立劳动争议调解组织。

第三十三条 各级工会应当将参与劳动争议处理工作业务纳入本级工会培训主体班次,定期对工会劳动争议调解员、兼职仲裁员等从事劳动争议处理工作的人员进行培训,提高劳动争议处理工作的能力和水平。

第三十四条 县级以上地方总工会应当将工会参与劳动争议处理工作经费列入本级工会经费预算。

第八章 附 则

第三十五条 各省、自治区、直辖市总工会可以根据本办法,结合本地实际,制定具体实施办法。

第三十六条 本办法由全国总工会法律工作部负责解释。

第三十七条 本办法自印发之日起施行。全国总工会1995年8月17日印发的《工会参与劳动争议处理试行办法》(总工发〔1995〕12号)同时废止。

附录二 典型案例

处理加班费争议，如何分配举证责任[①]

基本案情

林某于2020年1月入职某教育咨询公司，月工资为6000元。2020年7月，林某因个人原因提出解除劳动合同，并向劳动人事争议仲裁委员会(简称仲裁委员会)申请仲裁。林某主张其工作期间每周工作6天，并提交了某打卡APP打卡记录(显示林某及某教育咨询公司均实名认证，林某每周一至周六打卡；每天打卡两次，第一次打卡时间为早9时左右，第二次打卡时间为下午6时左右；打卡地点均为某教育咨询公司所在位置，存在个别日期未打卡情形)、工资支付记录打印件(显示曾因事假扣发工资，扣发日期及天数与打卡记录一致，未显示加班费支付情况)。某教育咨询公司不认可上述证据的真实性，主张林某每周工作5天，但未提交考勤记录、工资支付记录。

申请人请求

请求裁决某教育咨询公司支付加班费10000元。

处理结果

仲裁委员会裁决某教育咨询公司支付林某加班费10000元(裁决为终局裁决)。

案例分析

本案的争议焦点是如何分配林某与某教育咨询公司的举证责任。

《中华人民共和国劳动争议调解仲裁法》第六条规定："发生劳动争议，当事人对自己提出的主张，有责任提供证据。与争议事项有关的证据属于用人单位掌握管理的，用人单位应当提供；用人单位不提供的，应当承担不利后果。"《最高人民法院关于审理劳动争议案件适用法律问题的解释(一)》(法释〔2020〕26号)第四十二条规定："劳动者主张加班费的，应当就加班事实的存在承担举证

[①] 《劳动人事争议典型案例(第二批)》，载最高人民法院网2021年8月26日，https://www.court.gov.cn/zixun/xiangqing/319151.html。

责任。但劳动者有证据证明用人单位掌握加班事实存在的证据,用人单位不提供的,由用人单位承担不利后果。"从上述条款可知,主张加班费的劳动者有责任按照"谁主张谁举证"的原则,就加班事实的存在提供证据,或者就相关证据属于用人单位掌握管理提供证据。用人单位应当提供而不提供有关证据的,可以推定劳动者加班事实存在。

本案中,虽然林某提交的工资支付记录为打印件,但与实名认证的APP打卡记录互相印证,能够证明某教育咨询公司掌握加班事实存在的证据。某教育咨询公司虽然不认可上述证据的真实性,但未提交反证或者作出合理解释,应承担不利后果。故仲裁委员会依法裁决某教育咨询公司支付林某加班费。

典型意义

我国劳动法律将保护劳动者的合法权益作为立法宗旨之一,在实体和程序方面都作出了相应规定。在加班费争议处理中,要充分考虑劳动者举证能力不足的实际情况,根据"谁主张谁举证"原则、证明妨碍规则,结合具体案情合理分配用人单位与劳动者的举证责任。

加班费的仲裁时效应当如何认定[①]

基本案情

张某于2016年7月入职某建筑公司从事施工管理工作,2019年2月离职。工作期间,张某存在加班情形,但某建筑公司未支付其加班费。2019年12月,张某向劳动人事争议仲裁委员会申请仲裁,请求裁决某建筑公司依法支付其加班费,某建筑公司以张某的请求超过仲裁时效为由抗辩。张某不服仲裁裁决,诉至人民法院。

原告诉讼请求

请求判决某建筑公司支付加班费46293元。

裁判结果

一审法院判决:某建筑公司支付张某加班费18120元。张某与某建筑公司均未提起上诉,一审判决已生效。

[①] 《劳动人事争议典型案例(第二批)》,载最高人民法院网2021年8月26日,https://www.court.gov.cn/zixun/xiangqing/319151.html。

案例分析

本案的争议焦点是张某关于加班费的请求是否超过仲裁时效。

《中华人民共和国劳动争议调解仲裁法》第二十七条规定:"劳动争议申请仲裁的时效期间为一年。仲裁时效期间从当事人知道或者应当知道其权利被侵害之日起计算。……劳动关系存续期间因拖欠劳动报酬发生争议的,劳动者申请仲裁不受本条第一款规定的仲裁时效期间的限制;但是,劳动关系终止的,应当自劳动关系终止之日起一年内提出。"《中华人民共和国劳动法》第四十四条规定:"有下列情形之一的,用人单位应当按照下列标准支付高于劳动者正常工作时间工资的工资报酬……"《关于工资总额组成的规定》(国家统计局令第1号)第四条规定:"工资总额由下列六个部分组成:……(五)加班加点工资;……"仲裁时效分为普通仲裁时效和特别仲裁时效,在劳动关系存续期间因拖欠劳动报酬发生劳动争议的,应当适用特别仲裁时效,即劳动关系存续期间的拖欠劳动报酬仲裁时效不受"知道或者应当知道权利被侵害之日起一年"的限制,但是劳动关系终止的,应当自劳动关系终止之日起一年内提出。加班费属于劳动报酬,相关争议处理中应当适用特别仲裁时效。

本案中,某建筑公司主张张某加班费的请求已经超过了一年的仲裁时效,不应予以支持。人民法院认为,张某与某建筑公司的劳动合同于2019年2月解除,其支付加班费的请求应自劳动合同解除之日起一年内提出,张某于2019年12月提出仲裁申请,其请求并未超过仲裁时效。根据劳动保障监察机构在执法中调取的工资表上的考勤记录,人民法院认定张某存在加班的事实,判决某建筑公司支付张某加班费。

典型意义

时效是指权利人不行使权利的事实状态持续经过法定期间,其权利即发生效力减损的制度。作为权利行使尤其是救济权行使期间的一种,时效既与当事人的实体权利密切相关,又与当事人通过相应的程序救济其权益密不可分。获取劳动报酬权是劳动权益中最基本、最重要的权益,考虑劳动者在劳动关系存续期间的弱势地位,法律对于拖欠劳动报酬争议设置了特别仲裁时效,对于有效保护劳动者权益具有重要意义。

主体不适格，竞业限制条款是否有效[①]

基本案情

某保安公司主营业务是给商业楼宇、居民小区提供安全保卫等服务。2019年3月，某保安公司招聘李某担任保安，双方订立期限为2年的劳动合同，工资为3500元/月。劳动合同约定保安的主要职责为每日到某商业楼宇街区开展日常巡逻安保工作，同时内附竞业限制条款，约定"职工与某保安公司解除或终止劳动合同后1年内不得到与该公司有竞争关系的单位就职，职工离职后某保安公司按月支付当地最低月工资标准的30%作为竞业限制经济补偿。职工若不履行上述义务，应当承担违约赔偿责任，违约金为20万元"。2021年3月，双方劳动合同到期终止，李某未续订劳动合同并入职另一家保安公司担任保安。某保安公司认为李某去其他保安公司担任保安违反竞业限制约定；李某认为自己作为保安，不了解也不掌握公司的商业秘密，自己不是履行竞业限制义务的适格主体。某保安公司向仲裁委员会申请仲裁。

申请人请求

请求裁决李某支付竞业限制违约金。

处理结果

仲裁委员会裁决：驳回某保安公司的仲裁请求。

案例分析

本案的争议焦点是李某是否为履行竞业限制义务的适格主体。

《中华人民共和国劳动合同法》第二十三条第一款规定："用人单位与劳动者可以在劳动合同中约定保守用人单位的商业秘密和与知识产权相关的保密事项。"第二款规定："对负有保密义务的劳动者，用人单位可以在劳动合同或者保密协议中与劳动者约定竞业限制条款，并约定在解除或者终止劳动合同后，在竞业限制期限内按月给予劳动者经济补偿。劳动者违反竞业限制约定的，应当按照约定向用人单位支付违约金。"第二十四条第一款中规定，"竞业限制的人员限于用人单位的高级管理人员、高级技术人员和其他负有保密义务的人员"。前两条款正向规定用人单位有权利与"负有保密义务的劳动者"约定离职

[①] 《人社部、最高法联合发布第四批劳动人事争议典型案例》，载最高人民法院网2025年4月16日，https://www.court.gov.cn/zixun/xiangqing/462311.html。

后竞业限制条款,后一条款反向限定竞业限制的人员范围仅限于"高级管理人员、高级技术人员和其他负有保密义务的人员"。因此,用人单位与"高级管理人员、高级技术人员"以外的其他劳动者约定竞业限制条款,应当以该劳动者负有保密义务为前提,即劳动者在用人单位的职务或岗位足以使他们知悉用人单位的商业秘密和与知识产权相关的保密事项。

本案中,李某的主要职责为每日到商业楼宇街区开展日常巡逻安保工作,其所在的保安岗位明显难以知悉某保安公司的商业秘密和与知识产权相关的保密事项,某保安公司亦无证据证明李某具有接触公司商业秘密等保密事项的可能,因此李某不是竞业限制义务的适格主体。某保安公司与李某约定竞业限制条款,不符合《中华人民共和国劳动合同法》第二十三条、第二十四条关于竞业限制义务适格主体的规定。因此,竞业限制条款对双方不具有约束力,对某保安公司要求李某支付竞业限制违约金的请求,仲裁委员会不予支持。

典型意义

竞业限制是在劳动立法中保护用人单位商业秘密的一项制度安排,本意是通过适度限制劳动者自由择业权以预防保护用人单位的商业秘密,进而维护市场主体的公平竞争环境。但当前一些行业、企业出现了用人单位滥用竞业限制条款限制劳动者就业权利的情况,侵害了劳动者合法权益,影响了人力资源合理流动,损害了正常的营商环境。各级裁审机构在处理竞业限制争议时应当坚持统筹处理好促进企业发展和维护职工权益关系的原则,对竞业限制条款进行实质性审查,既要保护用人单位的商业秘密等合法权益,又要防止因不适当扩大竞业限制范围而妨碍劳动者的择业自由;既要注重平衡市场主体的利益关系,又要维护公平竞争的市场经济秩序,最大限度地实现竞业限制制度的设立初衷。

附录三 实用流程图

劳动人事争议调解仲裁流程图

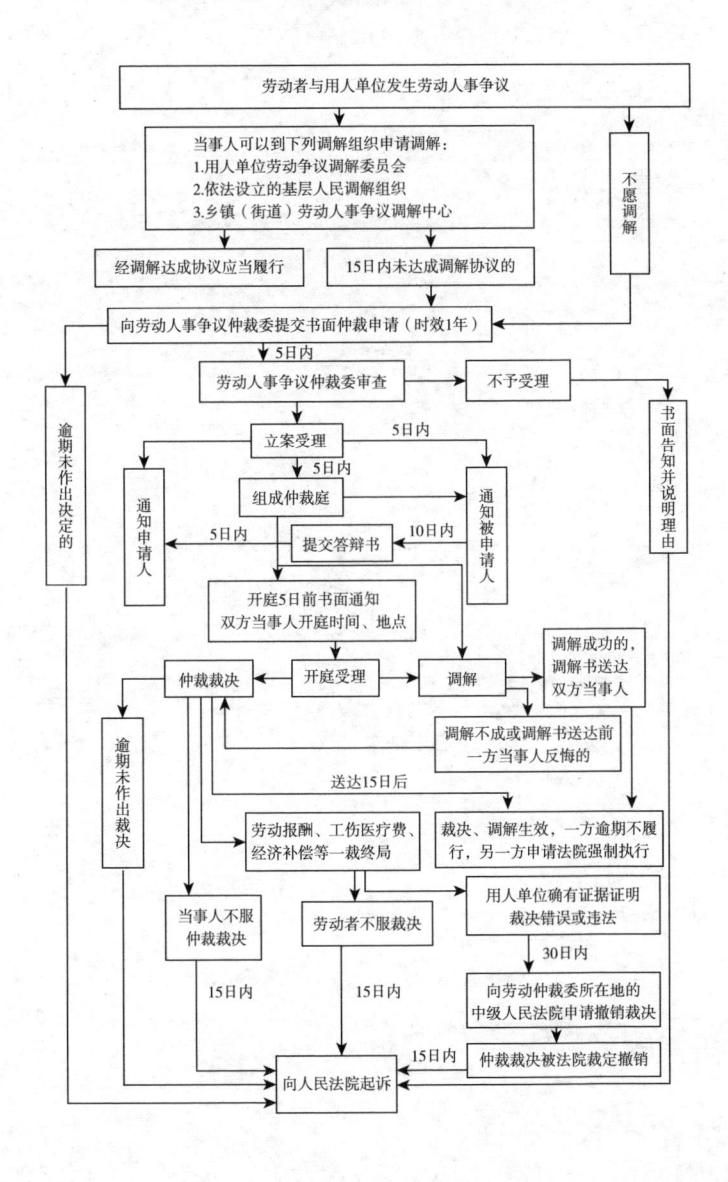